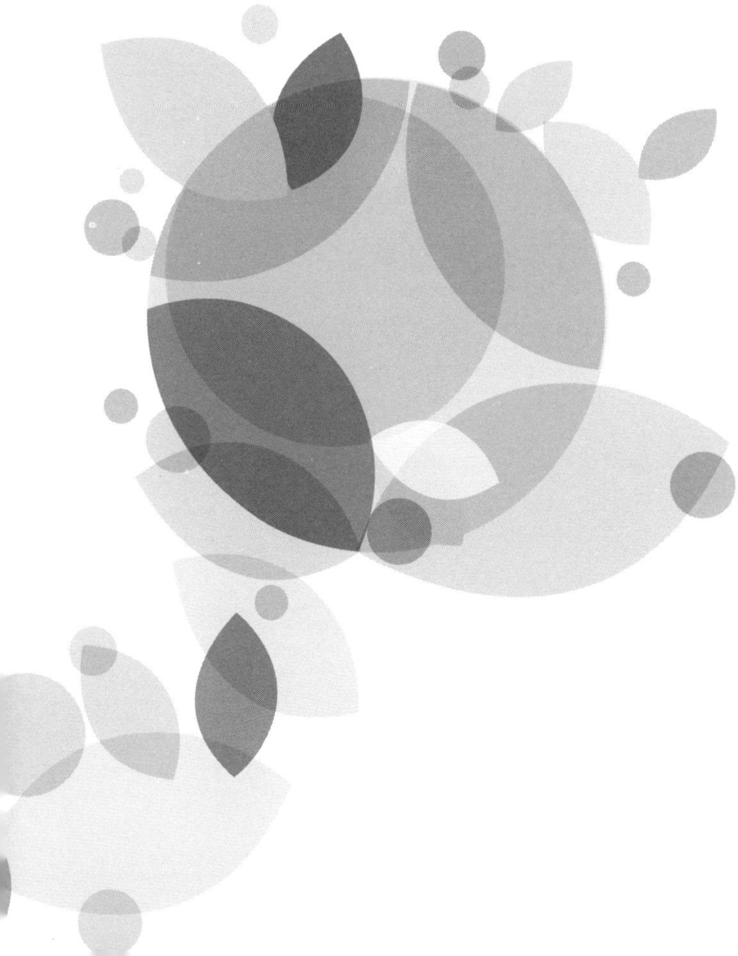

新《环境保护法》四个配套办法实施与适用评估报告（2015—2017年）

主编 竺效

中国人民大学出版社
·北京·

2015 年

报告撰写	竺效	丁霖	王盛航	梁晓敏
案例数据处理	丁霖	梁晓敏	张帆	廖鸿广
问卷统计处理	丁霖	王盛航	梁晓敏	尤猛	郑小雨
	韩瑞颖	江烁	朱瑞环	陈栋	刘瑞平
	刘梅	黄孝昶	廖清顺	谢劲	葛伟强
	韩春雨	杨恩慧	安梦颖	许艺萱	田翌秋

2016 年

参编人员	竺效	丁霖	王盛航	蒙禹诺
	梁晓敏	张冯楠	赵翔	李皓

2017 年

报告撰写	竺效	丁霖	王盛航
	梁晓敏	邱涛韬	张舒
案例数据处理	曾鑫	张婧	潘鸣航	靳慧颖	杨雪峥
	袁佳裕	孟若琪	王思雅	毕梦圆	张梦
	康杨洁羽	康秉国	金诗佳	张舒	张冯楠
	丁霖	梁晓敏	王盛航	蒙禹诺

目 录

2015 年

前　言 ……………………………………………………………（3）

一、四个配套办法适用与实施的基本情况 ………………………（6）
 （一）四个配套办法的出台与实施受到广泛关注且符合
   实践需求 ……………………………………………（6）
 （二）2015 年四个配套办法在全国范围内得到普遍
   适用 …………………………………………………（10）
 （三）四个配套办法的实施发挥了打击环境违法行为、
   预防环境违法行为发生的作用 ……………………（16）

二、四个配套办法适用与实施面临的问题和挑战 ……………（22）
 （一）配套办法的部分规定与上位法冲突 ……………（22）
 （二）配套办法的部分规定具有局限性 ………………（24）
 （三）执法人员对配套办法的部分规定在理解上有瑕疵 …（27）
 （四）案件信息公开工作未完全落实 …………………（30）
 （五）环保执法人员应在执法实践中综合适用四个配套

　　　　办法 ………………………………………………………… (32)

结　语 ………………………………………………………………… (35)

附件一：新《环境保护法》四个配套办法实施与适用评估
　　　　方法 ……………………………………………………… (36)
　　一、专家评估 ………………………………………………… (36)
　　二、数据分析 ………………………………………………… (38)
　　三、问卷调查 ………………………………………………… (38)

附件二：全国 32 个地区执行四个配套办法状况排序
　　　　说明 ……………………………………………………… (42)
　　一、排序方法 ………………………………………………… (42)
　　二、数据的分析处理与排序结果 …………………………… (44)

2016 年

前　言 ………………………………………………………………… (55)

一、2016 年四个配套办法实施总体情况 ……………………… (57)
　　（一）2016 年五类案件总数增长幅度大 ………………… (57)
　　（二）全国适用四个配套办法的案件数量总体呈增长
　　　　趋势 ………………………………………………… (58)
　　（三）四个配套办法在全国范围内普遍实施且具有明显
　　　　的地域特征 ………………………………………… (61)
　　（四）环境执法信息公开情况较 2015 年有明显改善 …… (63)

目 录

二、2016年四个配套办法适用与实施的特点 (67)
 （一）四个配套办法的适用集中于特定违法行为 (67)
 （二）四个配套办法适用的地域性特征凸显 (74)
 （三）大气、水污染违法案件占比较大 (78)
 （四）重点打击电镀、钢铁等行业的环境违法行为 (80)

三、2016年四个配套办法适用与实施的效果 (87)
 （一）环境违法行为反弹率整体较低，四个配套办法的实施取得初步成效 (87)
 （二）环保执法较好地运用了"组合拳" (91)
 （三）2016年环境执法案件数据与环境空气质量变化分析 (94)
 （四）2016年各地区案件数量与第二产业增长具有相关性 (99)

四、全国32个地区实施四个配套办法情况排序 (103)
 （一）排序方法 (103)
 （二）2016年全国32个地区执行四个配套办法总体情况的分值与排序 (104)

五、四个配套办法适用与实施中存在的问题与完善建议 (108)
 （一）2016年四个配套办法执行中存在的问题 (108)
 （二）四个配套办法条文的准确解读与理解完善 (110)

结 语 (116)

附件：本评估报告所用课题组统计案件数据与环保部
　　　公开数据对照 ·· (117)

2017 年

前　言 ··· (123)

一、2017 年四个配套办法适用与实施概况 ················· (125)
　（一）全年五类案件总数持续大幅增长 ··············· (125)
　（二）适用四个配套办法的案件数多在波动中攀升 ····· (127)
　（三）案件数量大体上从东往西、从沿海到内陆逐渐
　　　　递减 ·· (129)
　（四）三类案件执法信息公开进步步伐放缓 ··········· (132)

二、2017 年四个配套办法的适用与实施特点 ··············· (137)
　（一）四个配套办法的适用集中于特定违法行为 ······· (137)
　（二）四个配套办法适用的地域性特征凸显 ··········· (145)
　（三）涉水污染、大气污染违法案件数量较多 ········· (148)

三、2017 年四个配套办法适用与实施的效果 ··············· (151)
　（一）环境违法行为反弹率整体较低 ··················· (151)
　（二）环保执法较好地运用了"组合拳" ··············· (155)
　（三）环境执法数据与空气质量变化数据关系微妙 ····· (161)
　（四）各个地区环境行政执法强度与该地区第二产业
　　　　增加值"匹配"程度有所增加 ··················· (166)

目 录

四、环保督查（察）活动对四个配套办法适用与实施的
影响 ·· (170)
  （一）两批次中央环保督察期间被督察地区执法强度
增强 ·· (170)
  （二）第一季度空气质量专项督查促进了配套案件数量
增长 ·· (173)
  （三）"2+26"大气强化督查促使各地加大环境执法
力度 ·· (174)

五、全国 32 个地区贯彻实施四个配套办法情况比较 ············ (177)
  （一）排序方法 ··· (177)
  （二）2017 年全国 32 个地区执行四个配套办法情况
横向比较与排序 ··· (178)

六、四个配套办法适用与实施中存在的问题与完善建议 ······· (182)
  （一）2017 年四个配套办法执行中存在的突出问题 ······ (182)
  （二）四个配套办法条文的准确解读与理解之完善 ······ (184)

结　语 ··· (187)

2015 年

前　言

2014年新《环境保护法》颁布，为环保部门打击环境违法行为提供了"按日连续处罚""限制生产、停产整治""查封、扣押""移送公安机关行政拘留"等新的执法手段。为贯彻实施新《环境保护法》规定的这四种执法措施，环保部出台了《环境保护主管部门实施按日连续处罚办法》（以下简称《按日连续处罚办法》）《环境保护主管部门实施限制生产、停产整治办法》（以下简称《限产停产办法》）《环境保护主管部门实施查封、扣押办法》（以下简称《查封扣押办法》）等配套规章，并联合公安部、工业和信息化部、农业部、国家质量监督检验检疫总局发布了《行政主管部门移送适用行政拘留环境违法案件暂行办法》（以下简称《移送行政拘留办法》）的规范性文件（以下将这四个文件合称为"四个配套办法"）。

为了考察这四个配套办法的实施与适用情况，对四个配套办法的法律文字准确性、明确性、规范性进行文义评估，对适用难点、条款使用率、疑难典型案例等进行实施和适用情况的评估，并为各地环保执法机关及其执法人员对该规章的准确理解和适用提供指导和借鉴，帮助基层环保执法人员更好地在未来实践工作中依法贯彻落实该项制度，中国人民大学法学院对上述四个配套办法2015年的实施与适用情况进行了调研与评估。课题调研过程中，环境保护部邹首民、田为勇、曹立平、闫景军、姬钢、李铮和陈佩佩等同志先后对本项目实施所需案例数据的调取给予了大力支持，课题组深表敬意与谢意！重庆市环境监察总队、浙江省环境执法稽查总队、广州市环保局对本课题所采评估方法的专家咨询论证、调查问卷的发放收

新《环境保护法》四个配套办法实施与适用评估报告（2015—2017年）

集、典型案例的收集分析给予了大力支持，我们在此对以上三个单位及重庆市环境监察总队漆林、王雪彬、汤瑞黎；浙江省环境执法稽查总队潘齐学、刘凤、杨哲；广州市环境保护局郑则文、赵驰名等同志表示衷心的感谢！

四个配套办法适用与实施情况的评估，均采用专家评估、数据分析、问卷调查相结合的评估方法。专家评估即邀请相关领域专家，根据专家本人的专业知识背景及实践经验对四个配套办法的文本内容进行考察，针对四个配套办法本身的合法性与合理性进行评价。数据分析即根据课题组收集的2015年1—12月32个地区环境违法案件数据，对四个配套办法的实施情况与效果作出客观评价。问卷调查即通过发放问卷的形式，征求环保行政机关工作人员、企业、公众、公安机关工作人员四类主体的意见，通过四类主体对配套办法实施情况的主观感受来评估配套办法的实施效果（具体评估流程如下图）。

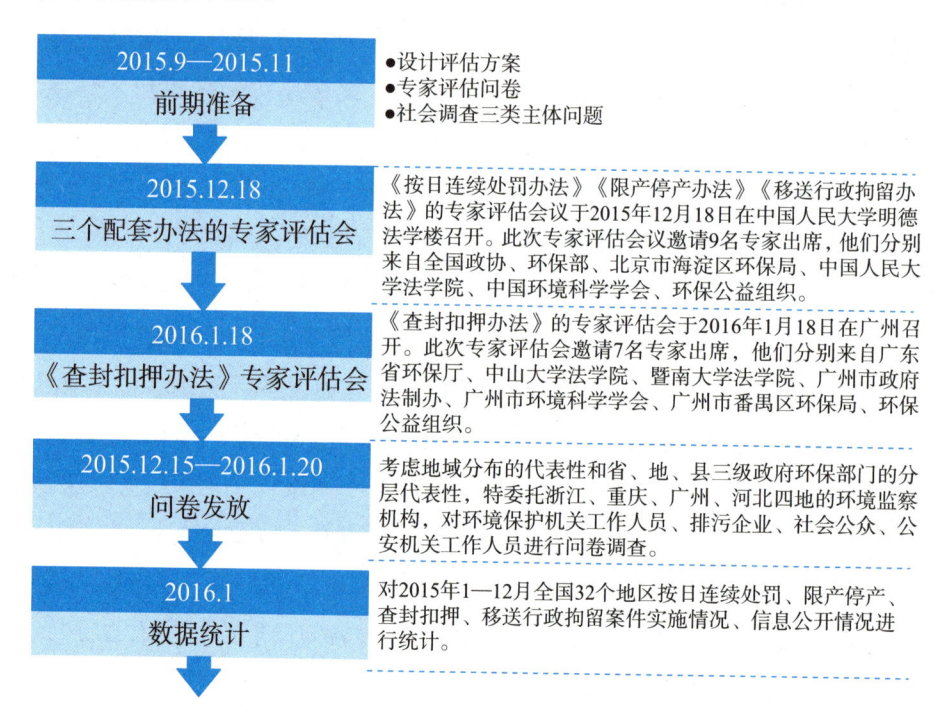

时间	阶段	内容
2015.9—2015.11	前期准备	●设计评估方案 ●专家评估问卷 ●社会调查三类主体问题
2015.12.18	三个配套办法的专家评估会	《按日连续处罚办法》《限产停产办法》《移送行政拘留办法》的专家评估会议于2015年12月18日在中国人民大学明德法学楼召开。此次专家评估会议邀请9名专家出席，他们分别来自全国政协、环保部、北京市海淀区环保局、中国人民大学法学院、中国环境科学学会、环保公益组织。
2016.1.18	《查封扣押办法》专家评估会	《查封扣押办法》的专家评估会于2016年1月18日在广州召开。此次专家评估会邀请7名专家出席，他们分别来自广东省环保厅、中山大学法学院、暨南大学法学院、广州市政府法制办、广州市环境科学学会、广州市番禺区环保局、环保公益组织。
2015.12.15—2016.1.20	问卷发放	考虑地域分布的代表性和省、地、县三级政府环保部门的分层代表性，特委托浙江、重庆、广州、河北四地的环境监察机构，对环境保护机关工作人员、排污企业、社会公众、公安机关工作人员进行问卷调查。
2016.1	数据统计	对2015年1—12月全国32个地区按日连续处罚、限产停产、查封扣押、移送行政拘留案件实施情况、信息公开情况进行统计。

前　言

2016.1.23—2016.2.1 问卷回收与统计

截至2016年1月22日，课题组共收到：
- 问卷A（环保行政机关工作人员）：962份，
- 问卷B（企业）：739份，
- 问卷C（公众）：721份，
- 问卷D（公安机关工作人员）：292份。

2016.2.1—2016.2.20 数据分析

课题组对数据进行梳理分析，从三个方面展开分析：
- 办法所规定的适用情形的适用情况，四类措施在32个地区的实施情况；
- 违法反弹率，即某一地区违法企业被处以某一种处罚或被采取强制措施后，再次被处以行政处罚或被采取行政强制措施的比例；
- 信息公开情况，即环保部提供的各个地区上报的信息公开情况。

2016.2.20—2016.4.10 四个分报告

根据调研结果分别撰写四个配套办法的评估报告。

2016.3.21—2016.5.20 总评估报告

对四个分报告与调研结果进行分析与整合，撰写四个配套办法适用与实施情况总评估报告。
召开总评估报告讨论会，修改总评估报告，形成定稿。

一、四个配套办法适用与实施的基本情况

(一) 四个配套办法的出台与实施受到广泛关注且符合实践需求

1. 四个配套办法进一步细化四项措施的适用情形与实施程序

2014年12月15日环境保护部部务会议审议通过《按日连续处罚办法》《查封扣押办法》以及《限产停产办法》。《按日连续处罚办法》详细规定了按日连续处罚执法措施的适用情形以及实施程序，细化新《环境保护法》第59条规定的按日连续处罚措施，指导各级环保机关执法人员适用和落实新《环境保护法》规定的按日连续处罚措施。《查封扣押办法》详细规定了环保部门实施查封、扣押行政强制措施的适用情形、具体对象以及实施程序，落实新《环境保护法》第25条规定的查封、扣押措施，指导规范各级环保机关执法人员适用和落实新《环境保护法》规定的查封、扣押措施，保护行政相对人的合法权益。《限产停产办法》详细规定了限制生产、停产整治、停业关闭三种不同层次执法措施的适用情形以及实施程序，进一步细化新《环境保护法》第60条规定的限制生产、停产整治措施，指导各级环保机关执法人员适用和落实新《环境保护法》规定的限产、停产措施。

2014年12月24日环境保护部会同公安部、工业和信息化部、农业部、国家质量监督检验检疫总局制定并印发了《移送行政拘留办法》。《移送行政拘留办法》明确了部门责任，要求加强协作配合，加强办案监督，严防以罚代拘，详细列明了适用《环境保护法》第63条的四种具体违法情

一、四个配套办法适用与实施的基本情况

形,规定了行政主管部门向公安机关移送适用行政拘留案件的具体程序,完善了行政执法与行政拘留的衔接规范,全面指导各级环保部门运用和实施新《环境保护法》规定的移送行政拘留措施,依法严厉打击环境违法行为。

2. 四个配套办法受到社会各界广泛关注,知晓程度较高

受访的环保机关工作人员、行政相对人、社会公众均有75%以上的人知晓四个配套办法。在环保机关工作人员中几乎全部知晓四个配套办法,可见在环保机关内部,四个配套办法的宣传学习工作成效较好。受访行政相对人均有90%以上、普通社会公众中有75%以上知晓四个配套办法,可见四个配套办法的出台与宣传效果较好,社会公众,尤其是排污企业对环境保护予以更多关注。(见图1-1)

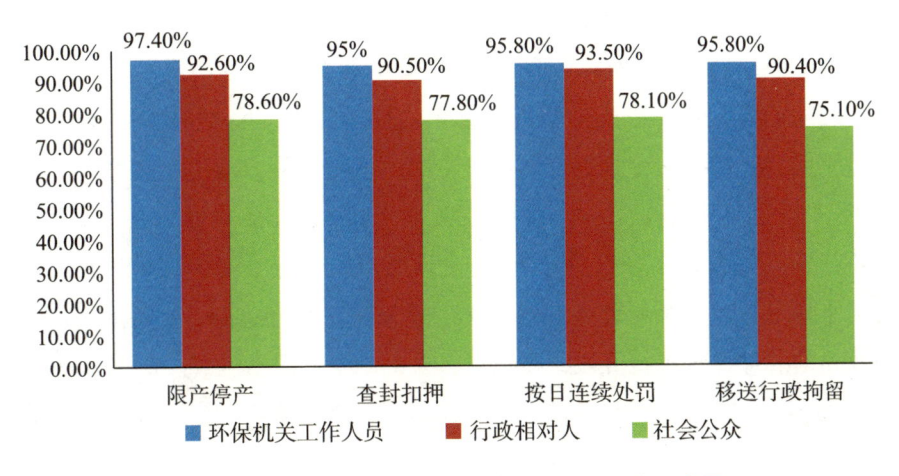

图1-1 三类社会主体对四配套办法认知程度示意图

3. 四个配套办法的出台与实施在环境执法活动中具有必要性

受访的环保机关工作人员、行政相对人、社会公众均有80%以上认为在环境执法中四个配套办法具有必要性。其中,四个配套办法均有95%的受访环保机关工作人员认为其具有必要性,既可以指导其依法行政,又可依法打击环境违法行为;有84%以上的受访企业认为四个配套办法具有必要性,可以对企业的排污行为进行监督和威慑;另有82%以上的受访公众

7

新《环境保护法》四个配套办法实施与适用评估报告（2015—2017年）

也认为四个配套办法的实施在环境执法中具有必要性。（见图1-2）

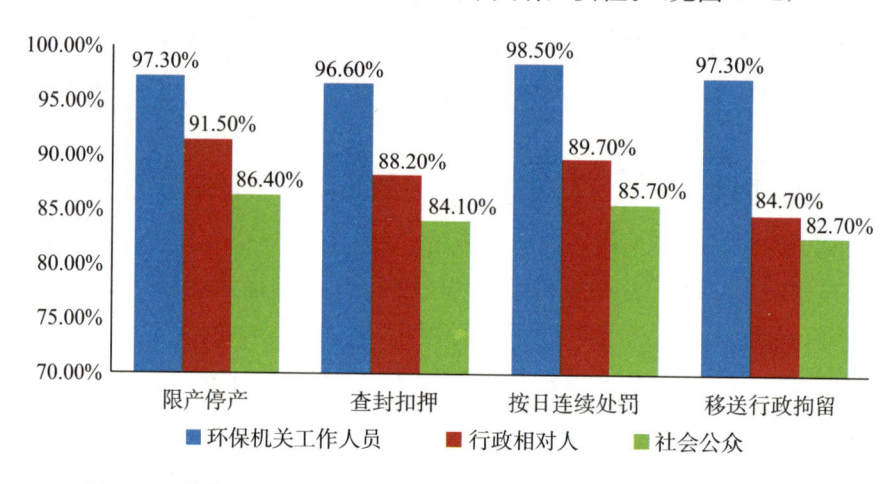

限产停产：环保机关工作人员 97.30%，行政相对人 91.50%，社会公众 86.40%
查封扣押：环保机关工作人员 96.60%，行政相对人 88.20%，社会公众 84.10%
按日连续处罚：环保机关工作人员 98.50%，行政相对人 89.70%，社会公众 85.70%
移送行政拘留：环保机关工作人员 97.30%，行政相对人 84.70%，社会公众 82.70%

图1-2 社会各主体对四配套办法在环境保护行政执法中必要性的态度

4. 四个配套办法的法条条文规定合法合理

在对四个配套办法进行专家评估中，针对每个配套办法均设计一份专家评估问卷，共4份专家评估问卷。专家评估问卷共25道题，均设有"是""否""不清楚"三个选项，选择"是"则计分，选择"否"或"不清楚"则不计分。每道题1分，总分为25分。去掉最高分25分和最低分14分，计算平均分得出四个配套办法专家评估的分值，并将总分25分的问卷得分所表达的总体评价进行分段"赋值"，0—5分为非常不满意、6—10分为基本不满意、11—15分为一般、16—20分为基本满意、21—25分为非常满意。

四个配套办法专家评估的分值均在20分以上，可见参评专家对四个配套办法内容的合法性和合理性整体上非常满意（见图1-3）。具体而言，第一，文字与章节安排方面，参评专家均认为四配套办法法条文字表述清晰、易于理解；章节名称基本合理；但实体性规定与程序性规定在适用情形与实施程序章节中仍有交叉。如《限产停产办法》《按日连续处罚办法》第三章实施程序中均包含个别实体性条款的内容，不属于程序性规定，超出了该章标题的范围。第二，实体性规定方面，参评专家均认为四个配套办法

8

一、四个配套办法适用与实施的基本情况

的实体性规定基本合理，且能够起到惩治环境违法行为的作用。但对于《按日连续处罚办法》适用情形的规定还需要充分考虑实践中的统一执法标准和实际适用可能性；对于《限产停产办法》适用情形的规定，尤其是适用除外的规定，还需要考虑规章的制度功能分工和如何在实践中落实的定位问题，仍有完善空间；对于《查封扣押办法》适用情形的规定，尤其是在既符合执法实际需要又不背离行政强制宗旨方面找到平衡，仍有完善空间；对于《移送行政拘留办法》适用条件所增加的"依法作出行政处罚决定"的适用条件，存在合法性和合理性的双重质疑。第三，程序性规定方面，参评专家均认为四个配套办法的程序性规定基本合理、合法，但均认为四个配套办法规定的实施程序可操作性有待进一步提高。

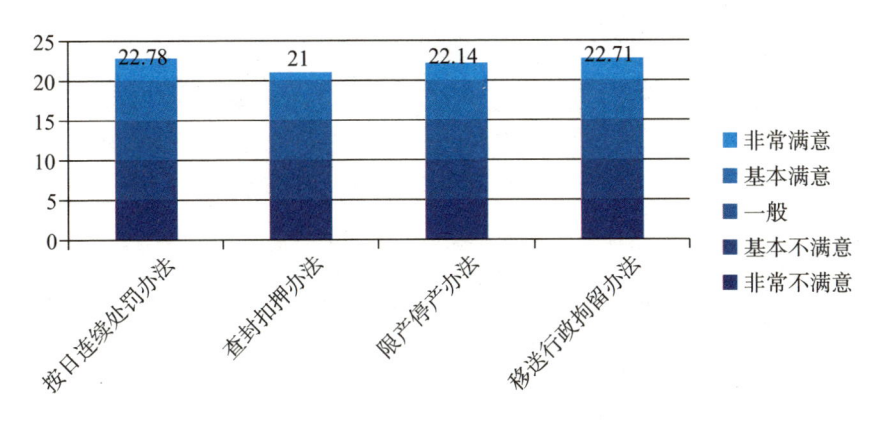

图1-3 四个配套办法专家评估分值

5. 四个配套办法的实施程序规定较为合理，具有可操作性

受访的环保机关工作人员对四个配套办法的实施程序进行评价，均有70%以上受访环保机关工作人员认为四个配套办法规定的实施程序具有可操作性。问卷调查中，对《限产停产办法》实施程序合理性进行评价的855人中，认为该办法所规定的实施程序合理的占78.6%，过于简单的占4.8%，过于复杂的占16.6%；对《查封扣押办法》实施程序合理性进行评价的855人中，认为该办法所规定的实施程序合理的占74.3%，过于简单的占4.5%，过于复杂的占21.2%；对《按日连续处罚办法》实施程序合理

新《环境保护法》四个配套办法实施与适用评估报告（2015—2017年）

性进行评价的 714 人中，认为该办法所规定的实施程序合理的占 82.8%，过于简单的占 3.7%，过于复杂的占 12.4%；对《移送行政拘留办法》实施程序合理性进行评价的 852 人中，认为该办法所规定的实施程序合理的占 73.6%，过于简单的占 4.9%，过于复杂的占 21.5%。因此，总体而言，四个配套办法规定的实施程序较为合理，具有较强的可操作性。（见图 1-4）

图 1-4 受访环保机关工作人员对实施程序的合理性评价

注：由于部分问卷填写人未对实施程序合理性进行评价，因而存在受访者选择"合理""过于简单""过于复杂"的比例相加不等于100%的情况。

（二）2015 年四个配套办法在全国范围内得到普遍适用

1. 适用四种执法措施的案件数量在全国范围内的分布呈地域性特征

2015 年全国范围内实施按日连续处罚案件共 715 件，罚款数额达 56 954.41 万元；实施查封扣押案件共 4 191 件；实施限产停产案件共 3 106 件；移送行政拘留共 2 079 起（不含山东 2—6 月份数据）。（见图 1-5）

一、四个配套办法适用与实施的基本情况

图1-5 2015年全国32个地区实施四个配套办法的案件总数

- 按日连续处罚：715
- 查封扣押：4 191
- 限产停产：3 106
- 移送行政拘留：2 079

2015年全国32个地区（新疆生产建设兵团的案件单独统计）中案件数最多的2个地区为浙江省和广东省，案件数量分别为2 263件和1 152件。案件数量最少的5个地区分别为西藏自治区1件、海南省14件、青海省18件、新疆生产建设兵团31件和新疆维吾尔自治区35件。案件数量在40—100件的地区共4个，分别是上海市、天津市、宁夏回族自治区、广西壮族自治区。案件数量在101—300件的地区共10个，分别是：云南省、吉林省、黑龙江省、重庆市、四川省、贵州省、河北省、甘肃省、北京市和山西省。案件数量在301—1 000件的地区有11个，多数集中于东部沿海和中部地区，分别是内蒙古自治区、辽宁省、陕西省、河南省、山东省、湖南省、湖北省、江西省、江苏省、安徽省和福建省。可见，大体上，地区经济越发达，环境违法行为发生率越高，越需要严格的环境执法。（见图1-6）

2.适用四种执法措施案件数量整体呈波动上升趋势

总体而言，全国范围内适用四个配套办法的案件数量整体呈波动上升趋势。相对而言，适用查封扣押措施和适用限产停产措施的案件的波动情况更加明显。上半年，适用四个配套办法的案件数量峰值均出现在4月份，且1月份四类案件数量均最少。下半年，四种措施的适用案件数量峰值（同时也是全年的案件数量峰值）除了查封扣押案件在11月份之外，其他三类均出现在12月份。另外，每月四个配套办法实施情况中，以查封扣押案件数量最多，限产停产案件数量次之，移送拘留案件数量处于第三位，按日

新《环境保护法》四个配套办法实施与适用评估报告（2015—2017 年）

计罚案件数量最少。（见图 1-7）

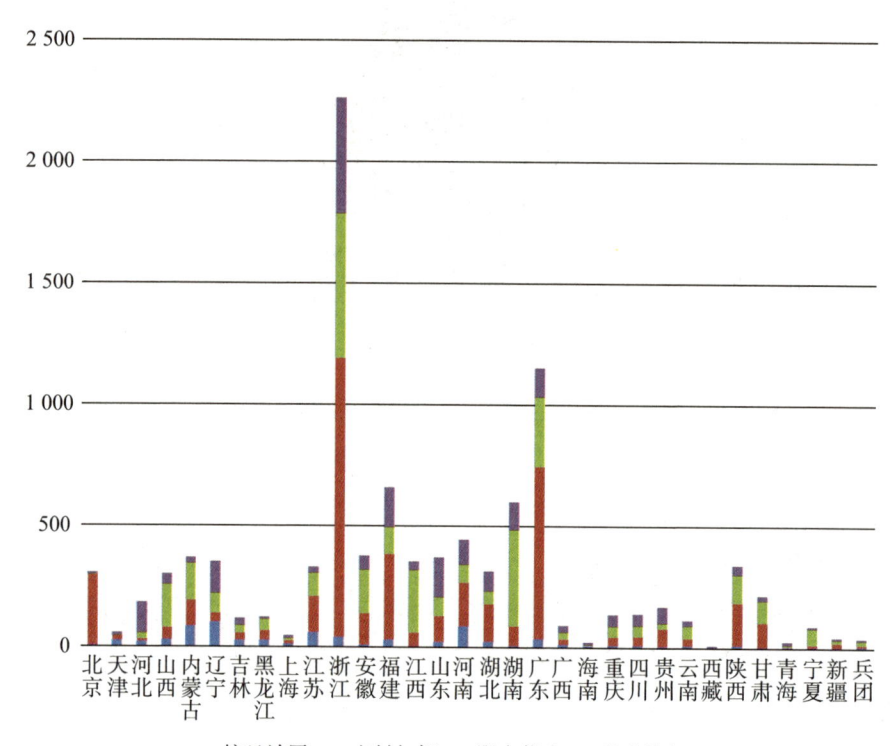

图 1-6　2015 年 32 个地区四类案件总数情况

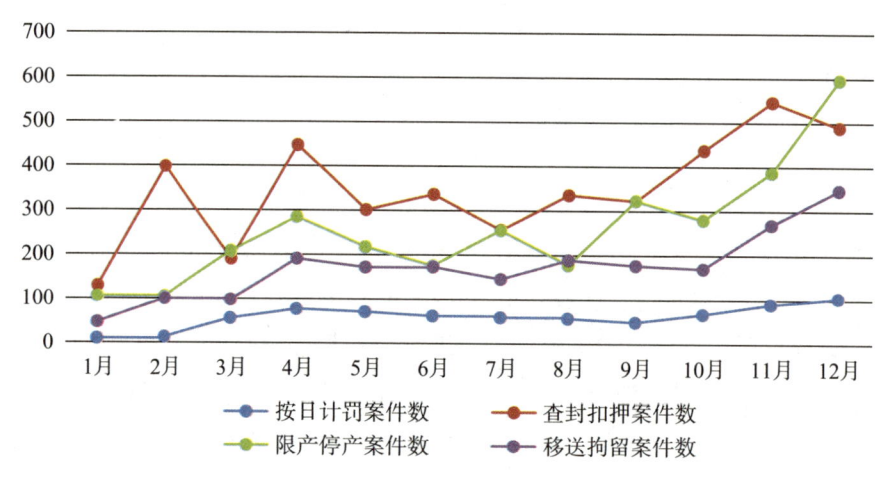

图 1-7　2015 年全国 32 个地区适用四种执法措施案件数月度变化图

一、四个配套办法适用与实施的基本情况

3. 信息公开基本得到贯彻实施，但仍存在案件信息未及时公开的情形

2014年新环保法中规定了信息公开的内容，为了对信息公开条款群的内容进行落实，《按日连续处罚办法》第4条、《查封扣押办法》第7条和《限产停产办法》第4条中分别规定了有关信息公开的条款。根据地方上报数据统计，信息公开率为上报数据中明确标明已经公开的案件数与该类案件总数的比例。[①] 总体而言，全国32个地区执行此三个配套办法的信息公开率为67.04%，各地区执行信息公开情况一般。另外，根据信息公开率，三类案件信息公开率均在73%以下，且限产停产案件信息公开率低于查封扣押案件以及按日连续处罚案件的信息公开率。（见图1-8）

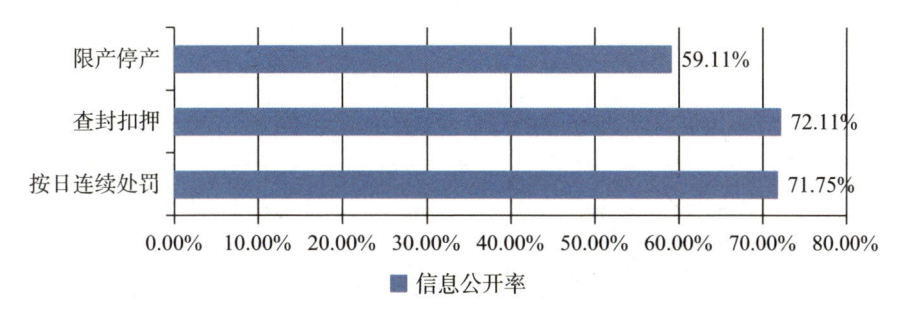

图1-8 三类案件信息公开率

限产停产 59.11%
查封扣押 72.11%
按日连续处罚 71.75%

全国32个地区中，除西藏自治区没有三类环境执法案件外，其他31个地区三类案件信息公开执行情况有较大差异，北京市、山西省、河南省信息公开率高达90%以上，信息公开情况最优，而宁夏回族自治区、新疆维吾尔自治区、青海省、江西省信息公开率低于40%，信息公开未依法执行到位（见图1-9）。因此，三个配套办法中信息公开条款的实施有待进一步加强。

4. 信息以网络公开为主，公开途径多样

各地上报数据资料显示，信息公开途径表现为常规和灵活相结合的方式。各地区较为常用的方式是通过环保局网站和政府信息公开网进行公开，

[①] 但不排除各地填报数据后又公开案件信息的情形。鉴于本报告作为第三方开展的科研性评估，本研究报告统一以各地上报时填报的数据为准，进行统一横向比较和评估。特此说明。

新《环境保护法》四个配套办法实施与适用评估报告（2015—2017年）

其中通过环保局网站公开信息的案件数量占绝大多数。（见图1-10）

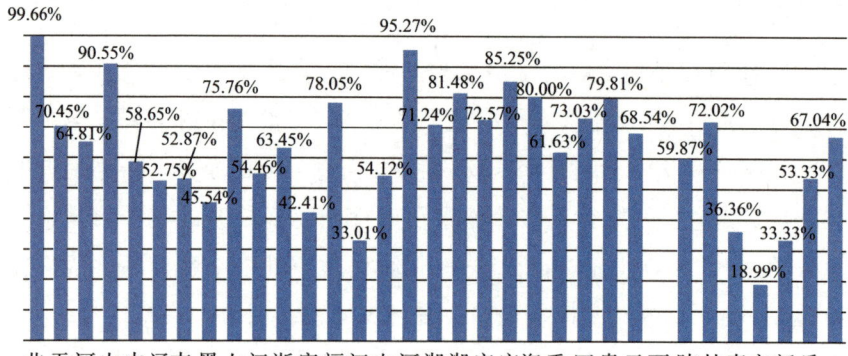

图1-9 2015年全国32个地区三类案件的信息公开率

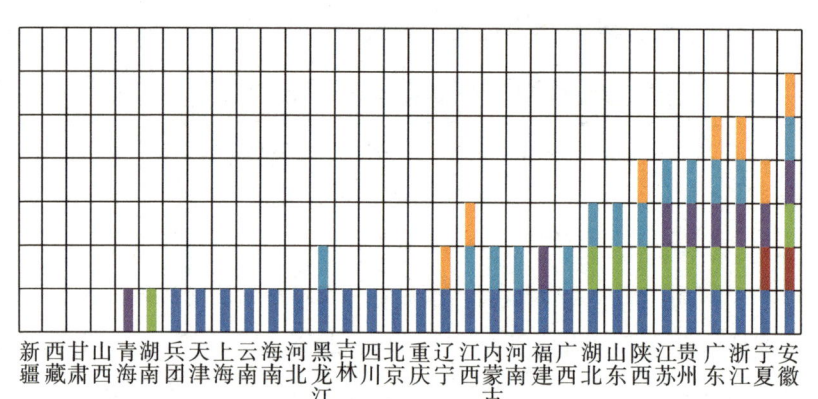

图1-10 全国32个地区信息公开途径统计

注：本图表仅根据32个地区各自上报信息中所提及的公开途径进行统计，部分地区未填写信息公开途径，因而无法进行统计。

问卷调查结果显示，环保机关公开三类案件的途径多样，主要是在环保局信息公开网站上进行公开，其次是政府信息公开网站。较多环保机关也通过电视新闻、网络媒体以及报纸等方式进行公开。另外，也有不少环保机关

14

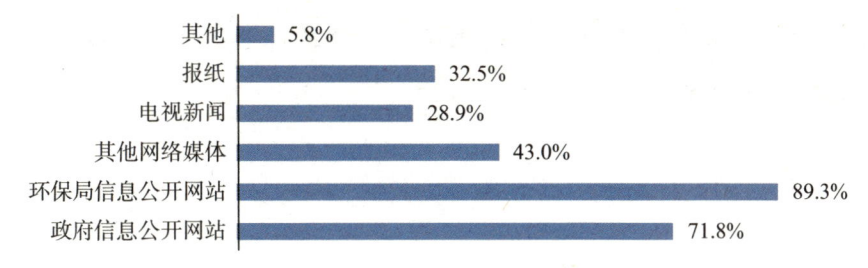

一、四个配套办法适用与实施的基本情况

通过新颖的渠道公开案件信息，如微博、微信、手机报等。（见图1-11）

方式	比例
其他	5.8%
报纸	32.5%
电视新闻	28.9%
其他网络媒体	43.0%
环保局信息公开网站	89.3%
政府信息公开网站	71.8%

■ 受访者选择本信息公开方式占受访环保机关工作人员总人数的比例

图1-11 环境保护机关公开案件信息的方式情况

5. 公众环保意识提高，主动获取环境信息的方式多样

根据问卷调查结果，行政相对人以及社会公众选择获取信息的方式多样，50%以上受访行政相对人和社会公众选择政府信息公开网站、环保局信息公开网站、其他网络媒体、电视新闻、报纸等方式获取环境案件信息。其中，受访行政相对人中有71.5%通过环保局信息公开网站获取信息，受访社会公众中有66.9%通过电视新闻获取信息。另外，也有社会公众通过微博、微信以及手机报等最新信息获取方式来关注环境案件信息。因此，在未来的环境案件信息公开能力建设中，加强环保部门信息公开网站建设，以及普及电视、新闻媒体和自媒体等信息公开途径，应成为环境执法信息公开工作的一项重点，以满足不同类型的行政相对人和社会公众的不同需求。（见图1-12）

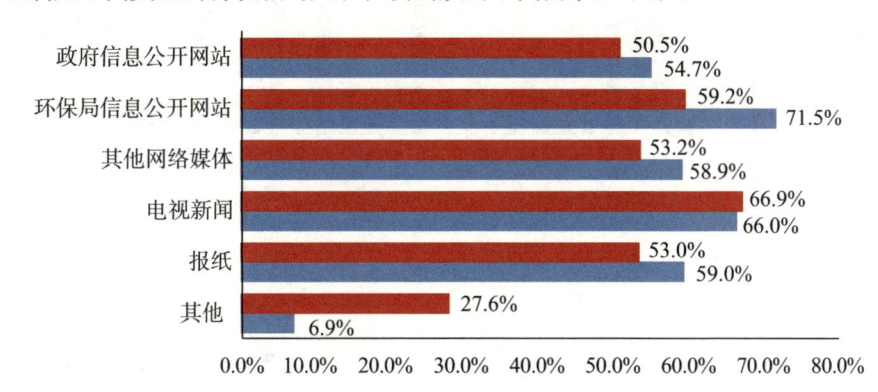

方式	社会公众	行政相对人
政府信息公开网站	50.5%	54.7%
环保局信息公开网站	59.2%	71.5%
其他网络媒体	53.2%	58.9%
电视新闻	66.9%	66.0%
报纸	53.0%	59.0%
其他	27.6%	6.9%

■ 社会公众获取案件公开信息方式　■ 行政相对人获取案件公开信息方式

图1-12 案件信息公开方式比重图

新《环境保护法》四个配套办法实施与适用评估报告（2015—2017年）

（三）四个配套办法的实施发挥了打击环境违法行为、预防环境违法行为发生的作用

1. 环境违法行为反弹率整体较低，四个配套办法的实施取得初步成效

据统计，2015年全国32个地区依据四个配套办法被处罚（强制）的企业总数为10 299家，而被重复处罚（强制）的企业总数为265，由此可见全国范围内违法企业反弹率低，为2.57%。具体而言，全国32个地区违法企业反弹率均低于10%，有北京、上海、海南、西藏四个地区反弹率为0，且有27个地区反弹率低于6%。但辽宁反弹率相对最高，为9.9%，其次为天津，为8.47%。因此，就全国范围内整体而言，违法企业反弹率低，四个配套办法的实施发挥了打击环境违法行为、威慑排污者的作用，取得了初步成效。（见图1-13）

图1-13　2015年全国实施四个配套办法的违法企业反弹率

2. 各类社会主体均表示四个配套办法实施后环境质量有所改善

受访者中，有77.4%的环保机关工作人员、95.9%的受访企业和79.0%的公众认为新《环境保护法》以及四个配套办法实施后其所在区、

一、四个配套办法适用与实施的基本情况

县环境质量有所改善。可见，总体而言，四个配套办法能够得到有效实施，且在一定程度上改善了环境质量。（见图1-14）

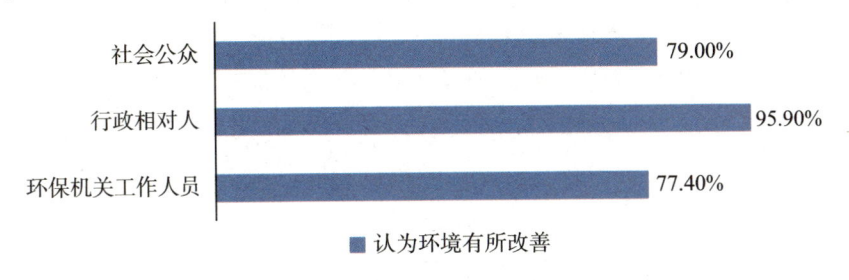

图1-14　受访人对于所在区域环境改善认同情况

社会公众　79.00%
行政相对人　95.90%
环保机关工作人员　77.40%
（认为环境有所改善）

3. 四个配套办法对排污企事业单位具有强大威慑力，能够积极预防环境违法行为的发生

根据四个配套办法对违法者改正违法行为的作用大小、威慑力大小打分：分数为0—10分，0分为毫无作用，10分为对违法者威慑力大。接受调查问卷的三类受访主体对四个配套办法的威慑力均给出8.5分以上的评分，其中《移送行政拘留办法》威慑力度最大，为9.06分；《限产停产办法》威慑力度相对最小，为8.65分。根据对调查问卷的分析，三类受访主体对四个配套办法威慑力度的评分，均集中于8、9、10分，且10分居多。且在三类主体中，作为四个配套办法适用对象的行政相对人，对四个配套办法威慑力度具有直观感受，对四个配套办法的评分均高于9分，可见四个配套办法对排污企业具有很大的威慑力，对于预防环境违法行为的发生具有积极作用。（见图1-15）

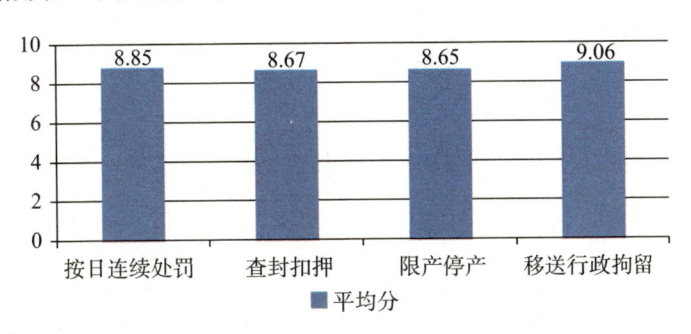

按日连续处罚　8.85
查封扣押　8.67
限产停产　8.65
移送行政拘留　9.06
（平均分）

图1-15　三类主体对四个配套办法威慑力的评分

新《环境保护法》四个配套办法实施与适用评估报告（2015—2017年）

4. 环保执法较好利用"组合拳"，环保机关与公安机关协同合作

本报告中，环保执法"组合拳"是指环境行政机关为及时制止环境违法行为，严厉惩治环境违法者，对同一违法者在同一自然年度的同一或多个违法行为，同时或先后采取两项或两项以上的环保配套措施。①

2015年全国32个地区715件按日连续处罚案件、4 191件查封扣押案件、3 106件限产停产案件、2 079件移送行政拘留案件中，共处置10 299家企业（或个人）。据统计，环保机关共对704家企业（或个人）打出环保"组合拳"。其中，被采取2种措施组合的企业（或个人）最多，共664家，占94.32%；其次是被采取3种措施组合的，共39家企业（或个人），占5.54%；另外有1家企业（或个人）被采取4种措施组合，占0.14%；没有企业（或个人）被同时采取五种措施（见图1-16）。

---

① 环保执法"组合拳"狭义上是指环境行政机关对同一违法者的同一违法行为，在同一自然年度内采取两项或两项以上的环保配套措施，以制止违法行为，严厉惩治环境违法者。但鉴于课题组所掌握的案例数据识别相关要素的实际困难，将该定义扩大为广义"组合拳"。广义"组合拳"包括四种情况，即同一自然年度内：

(1) 环境行政机关对同一违法者的同一违法行为同时采取两项或两项以上的环保配套措施。如针对A企业不正常运行污染防治设施，环境行政机关查封其排污设施，并将主要责任人移送公安机关处以行政拘留。此案中环境行政机关采取查封措施与移送行政拘留措施相结合的"组合拳"。

(2) 环境行政机关对同一违法者的同一违法行为先后采取两项或两项以上的环保配套措施。如针对B企业通过暗管排放水污染物的行为，环境行政机关责令其改正、处以罚款，并责令其停产整治，在复查时发现其行为仍未改正的，对其处以按日连续处罚，并将主要责任人移送公安机关处以行政拘留。此案中环境行政机关采取停产整治、按日连续处罚与移送行政拘留措施相结合的"组合拳"。

(3) 环境行政机关对其在同一时间发现的同一违法者的不同违法行为采取两项或两项以上的环保配套措施。如环境行政机关在对C企业的现场检查时发现，C企业不正常运行大气污染防治设备，超标排放大气污染物，并违法排放危险废物，遂对C企业的三种违法行为采取查封措施、停产整治措施、处以罚款，并移送行政拘留，复查时发现其未改正排污行为，又对其处以按日连续处罚。此案中环境行政机关采取停产整治、查封扣押、按日连续处罚与移送行政拘留措施相结合的"组合拳"。

(4) 环境行政机关对同一违法者的环境违法行为进行查处后，行政相对人再违法的情形（包括再犯同一违法行为与出现新类型的后续违法行为），对其采取两项或两项以上的环保配套措施。如7月份D企业超标排污不改正被处以按日连续处罚措施，改正后9月份又被发现有超标排污行为，被处以停产整治措施。此案中环境行政机关采取按日连续处罚与停产整治相结合的"组合拳"。若D企业改正恢复生产后，又于同年11月被发现有伪造监测数据行为，而被采取查封扣押措施，主要责任人被移送行政拘留。在这种情况下，此案中环境行政机关采取按日连续处罚、停产整治、查封扣押与移送行政拘留相结合的"组合拳"。

一、四个配套办法适用与实施的基本情况

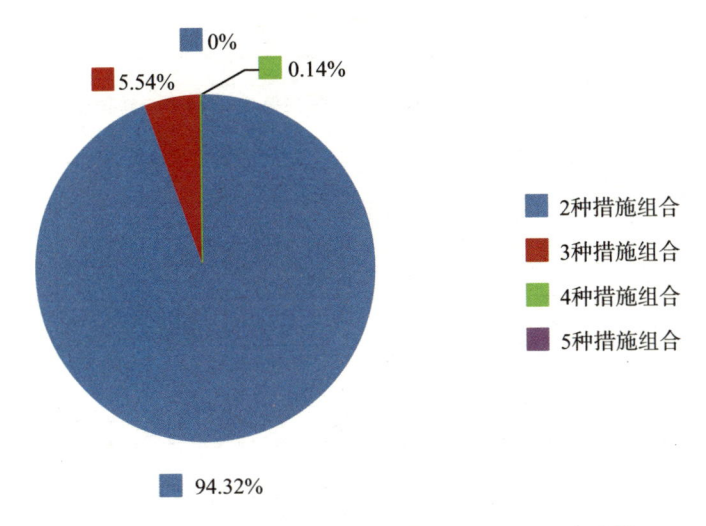

图 1-16　2015 年全国 32 个地区环保"组合拳"实施情况

注：环保"组合拳"措施包括按日连续处罚、查封扣押、限产停产、移送行政拘留、涉嫌犯罪移送公安机关五种措施。

具体而言，两种措施组合的"组合拳"中，首先是同时被采取查封扣押措施并移送行政拘留的企业（或个人）数量最多，为 188 家，可见查封扣押措施与移送行政拘留措施组合实施最为普遍。其次是查封扣押措施与涉嫌犯罪移送公安机关的组合，为 163 次；查封扣押措施与限产停产措施组合，为 78 次。可见被采取查封扣押措施的企业或个人环境违法行为均较为严重，查封扣押其环境违法设施、设备等是辅助性措施，目的为进一步调查其环境违法行为，最终决定限产停产或移送行政拘留，甚至涉嫌犯罪移送公安机关。另外，分析数据后可知，采取两种措施组合的"组合拳"有 82% 以上是与移送行政拘留或涉嫌犯罪移送公安机关有关的，可见对环境违法行为打出环保"组合拳"需要环保机关与公安机关协同合作，共同为保护环境、制止环境违法行为、预防环境污染作出贡献。（见表 1-1）

表 1-1　　　　2015 年全国 32 个地区两种措施组合的实施情况

	按日连续处罚	查封扣押	限产停产	移送行政拘留	涉嫌犯罪移送公安机关
按日连续处罚		5	42	15	1
查封扣押	5		78	188	163
限产停产	42	78		72	48
移送行政拘留	15	188	72		52
涉嫌犯罪移送公安机关	1	163	48	52	

5. 全国 32 个地区实施四个配套办法情况排序

根据每类案件的总数、违法企业反弹率、信息公开率（《移送行政拘留办法》除外）三组数据，采用"各要素分别排序赋值，加权求和"的方法，即通过对案件数、反弹率和信息公开率这三要素分开排序赋分，最后再进行加权求总分的方法，对全国 32 个地区执行四个配套办法的情况进行排序（见表 1-2）。

表 1-2　　　　全国 32 个地区实施四个配套办法的执行情况排序

名次	《按日连续处罚办法》执行情况排序	《查封扣押办法》执行情况排序	《限产停产办法》执行情况排序	《移送行政拘留办法》执行情况排序	四个配套办法总体执行情况排序
1	福建	湖北	湖南	山东	浙江
2	上海	北京	甘肃	四川	福建
3	浙江	浙江	山西	浙江	广东
4	江苏	广东	江苏	福建	湖南
5	广东	江苏	浙江	陕西	陕西
6	陕西	河南	福建	江西	河南
7	河南	福建	江西	河北	江苏
8	湖南	内蒙古	广东	广东	甘肃

一、四个配套办法适用与实施的基本情况

续前表

名次	《按日连续处罚办法》执行情况排序	《查封扣押办法》执行情况排序	《限产停产办法》执行情况排序	《移送行政拘留办法》执行情况排序	四个配套办法总体执行情况排序
9	海南	贵州	安徽	贵州	上海
10	山西	陕西	河南	云南	湖北
11	内蒙古	安徽	云南	辽宁	四川
12	贵州	湖南	内蒙古	湖南	贵州
13	辽宁	天津	四川	甘肃	江西
14	湖北	江西	北京	上海	北京
15	河北	云南	上海	湖北	山西
16	四川	甘肃	陕西	河南	云南
17	甘肃	海南	兵团	黑龙江	内蒙古
18	北京	上海	山东	青海	山东
19	广西	四川	宁夏	天津	海南
20	黑龙江	新疆	湖北	山西	安徽
21	吉林	宁夏	辽宁	海南	辽宁
22	云南	山东	贵州	新疆	天津
23	天津	青海	青海	北京	河北
24	重庆	山西	吉林	重庆	青海
25	山东	广西	海南	安徽	黑龙江
26	青海	重庆	重庆	西藏	重庆
27	安徽	黑龙江	黑龙江	兵团	广西
28	江西	西藏	广西	吉林	新疆
29	新疆	吉林	西藏	内蒙古	吉林
30	西藏	辽宁	天津	广西	宁夏
31	兵团	兵团	新疆	江苏	兵团
32	宁夏	河北	河北	宁夏	西藏

二、四个配套办法适用与
　　实施面临的问题和挑战

四个配套办法的文本内容合法合理，具有可操作性。四个配套办法的出台和实施符合实践需求，且在环境执法中发挥了打击环境违法行为，预防环境污染的作用。但四个配套办法有以下内容需要进一步明确和完善，以保证实践中执法人员正确理解新《环境保护法》与四个配套办法，真正做到依法行政。

（一）配套办法的部分规定与上位法冲突

1.《查封扣押办法》第 14 条与《行政强制法》的规定不符

《查封扣押办法》第 14 条规定："排污者负责人或者受委托人拒不到场或者拒绝签名、盖章的，环境行政执法人员应当予以注明，并可以邀请见证人到场，由见证人和环境行政执法人员签名或者盖章。"该条规定是任意性规范，环境执法人员有自由裁量权，可以自行决定是否邀请见证人到场。

但《行政强制法》第 18 条规定："行政机关实施行政强制措施应当遵守下列规定：……（九）当事人不到场的，邀请见证人到场，由见证人和行政执法人员在现场笔录上签名或者盖章"。可见《行政强制法》第 18 条第 9 项规定当事人不到场时，行政执法人员必须邀请见证人到场，此规定属强制性、羁束性规定，而非裁量性规定。在当事人不到场时邀请见证人，旨在保障当事人的合法权利，防止执法人员滥用职权的基础上，确保行政强

二、四个配套办法适用与实施面临的问题和挑战

制措施依法进行。

《行政强制法》作为由全国人民代表大会常务委员会通过的法律，其法律效力高于《查封扣押办法》，《查封扣押办法》不得与法律相抵触。因此建议修改《查封扣押办法》第 14 条，将"可以邀请"修改为"应当邀请"，变任意性规范为强制性规范。

2.《移送行政拘留办法》第 2 条与《环境保护法》的规定不符

新《环境保护法》第 63 条规定的是企业事业单位和其他生产经营者有法律规定情形，尚不构成犯罪的，除依照有关法律法规规定予以处罚外，由县级以上人民政府环境保护主管部门或者其他有关部门将案件移送公安机关，处以行政拘留。而《移送行政拘留办法》第 2 条规定的移送公安机关的条件是："县级以上环境保护主管部门或者其他负有环境保护监督管理职责的部门办理尚不构成犯罪，依法作出行政处罚决定后，仍需要移送公安机关处以行政拘留的案件。"对于新《环境保护法》第 63 条规定，环境保护部门认为法律仅规定是"除依照有关法律法规规定予以处罚外"，将案件移送公安机关，强调的是其他行政处罚与行政拘留可以同时适用，而无须将"作出行政决定"作为必需的前置条件。但公安机关对该条的理解则是与《移送行政拘留办法》的规定相一致，即必须是环保机关"依法作出行政处罚决定后"才能将案件移送给公安机关。

然而实践中将作出行政处罚决定作为移送前置条件不利于环境问题的快速解决。首先，设置此前置程序会影响办案效率，从发现违法行为到作出行政处罚需要一定的时间和程序，若是遇到听证程序，将会延迟行政处罚决定的作出。在此情况下，如果作出行政处罚之后再将案件移送公安机关，届时案件材料才得以移送，环境违法者则可能已逃之夭夭，使行政拘留的威慑作用大打折扣。其次，有些环境违法行为可能无须被处以行政处罚，仅被处以责令改正等行政命令，或被采取查封扣押等行政强制措施，而此种情形下没有行政处罚，案件则无法移送。

为了解决对于《移送行政拘留办法》的争议，实践中环境保护部门与公安部门通过将该办法所规定的"行政处罚决定"扩大解释为"行政决

定",而不再深究行政决定的类型。但此种解释依然与《环境保护法》第63条不符,在实践中各地的做法也不统一。因此,对于这一问题有必要由环境保护部门与公安机关进一步协商,通过颁布规章或行政法规的方式予以解决。

由此可见,四个配套办法与相关法律的规定基本一致,但也存在因措辞不当、违背立法原意而与上位法相违背的情形。因此,应该对四个配套办法中与上位法不符之处尽快进行调整、修改,避免环境执法过程中因适用这些违背上位法规定的规章条款而造成法律适用错误。同时,这种情形也警示相关部门在制定新《环境保护法》的配套规章或规范性文件时,需要与《环境保护法》的立法原意、文本原意保持一致,不得作出与《环境保护法》不一致的解释和规定。

(二) 配套办法的部分规定具有局限性

1.《按日连续处罚办法》规定的按日连续处罚的计罚方式具有局限性,可以采用"阶梯计价"方式依时间适用不同挡位的计罚标准。

根据《按日连续处罚办法》第四章的规定,按日连续处罚的计罚日数"为责令改正违法行为决定书送达排污者之日的次日起,至环境保护主管部门复查发现违法排放污染物行为之日止。再次复查仍拒不改正的,计罚日数累计执行"。按日连续处罚每日的罚款数额为"原处罚决定书确定的罚款数额"。按照按日连续处罚规则决定的罚款数额为"原处罚决定书确定的罚款数额乘以计罚日数"。按日连续处罚计罚方式将罚款数量和企业的改正程度联系起来。企业改正时间越长,则罚款额越大,甚至上不封顶,这样有利于及时有效地制止环境污染行为,使企业的违法成本增加,体现出法律的威慑力。

但是,有专家认为,根据《按日连续处罚办法》的规定,"一刀切"式的处罚方式没有区分污染企业的污染程度和企业的自身能力。具体到企业可能存在两个弊端:一是对某些大企业而言,每日处罚金额可能远小于治污需要的费用,更小于违法生产赚得的利润,缴纳"按日计罚"那点钱其实划算得很;二是对某些小企业而言,最终的罚款额可能超出其承受能力,甚至"资不抵罚"。这两种情况都有违"按日计罚"规定的初衷。因此有专家提出,可适当借鉴阶梯电价的方式,按照企业停止违法排污行为的时间适用不同挡位的处罚计价标准,增加污染者的违法成本,督促违法者尽快停止违法行为。

2.《限产停产办法》中限制生产、停产整治解除方式的规定具有局限性,应进一步明确规定整改方案,以及整改完成情况应当公开的信息、方式、时间等。

根据《限产停产办法》第16条的规定,排污者在收到责令限制生产决定书或责令停产整治决定书后,解除限制生产或停产整治之前需要履行积极整改、报送备案、信息公开、合法排污、自行监测的义务。根据《限产停产办法》第17条的规定,限制生产、停产整治的解除程序为"公开+报告+备案"。由此可见,限制生产、停产整治措施的适用,是让排污企业自行整改、自觉履行环境保护义务,这改变了过去以行政为主导的环境治理模式。环保部门在作出责令限制生产、停产整治决定后,实施整改的主体是排污者,而非环保部门。环保部门不再明确限制哪些设备的生产,不再指出应该从哪些方面进行整改,排污行为的整改完全依靠排污者自身,并通过环保部门的监督以及社会公众的监督予以保障。《限产停产办法》所规定的限制生产、停产整治措施,是通过企业的自觉履行和环保机关与社会公众共同监督来实施的。

但正是由于《限产停产办法》的规定改变了传统的行政机关主导的行政处罚方式,在实践中可能会出现基层环保部门不理解《限产停产办法》规定的内涵,环保专家不信任企业能自觉履行,企业无从得知如何整改从而无法实现排污行为的整改等问题。因此,有专家认为,《限产停产办法》规定的执法措施存在从一种极端走向另一种极端的可能:"是从严格管控型执法走向宽松引导型执法,是否能贯彻落实,是否能真正起到督促排污者自觉整改排污行为不能确定"。

新《环境保护法》四个配套办法实施与适用评估报告（2015—2017年）

为了避免使限制生产、停产整治措施流于形式，《限产停产办法》规定了后督察与跟踪检查措施，旨在对排污企业整改后的行为进行监督。《限产停产办法》第19条规定环境保护主管部门应当按照相关规定对排污者履行限制生产、停产整治措施的情况实施后督察，并依法进行处理或者处罚。第20条则规定排污者解除限制生产、停产整治后，环境保护主管部门应当在解除之日起30日内对排污者进行跟踪检查。但是，长期以来企业已习惯于环保部门直接指出排污行为并规定整改内容，被动实施整改排污行为，在这种情况下，让企业自行整改，没有任何指导，既难以让企业真正做到自觉整改，也可能使企业走弯路，增加企业成本，还可能使有心进行整改的企业因没有专业能力而无能力相对高效、低成本地真正整改。因此，专家建议对如何确定整改方案予以明确，并对整改方案应当公开的信息、整改完成情况应当公布的信息、公开方式、时间等作出更加详细的规定；对社会公众如何对整改方案提出意见、对整改完成情况提出质疑予以明确，真正形成企业自行整改、环保机关与社会公众监督的行政执法良性运行局面。

3.《移送行政拘留办法》第15条规定的公安机关退回案卷材料后结案过于笼统，应明确退回案卷材料的后续处理问题。

《移送行政拘留办法》第15条规定，公安机关对于移送的案件认为不符合行政拘留条件的，应当在受案后5日内书面告知案件移送部门并说明理由，同时退回案卷材料。案件移送部门收到书面告知及退回的案卷材料后应当依法予以结案。但是如果出现公安机关退回理由不合理的情形，办法未能规定环保部门可以采取的后续措施，也未能有效解决采取后续措施与已经根据该条"结案"的案件之间的关系问题。

由于行政处罚所用证据材料与刑事侦查所需证据材料不同，因而影响公安机关对环境违法行为和环境犯罪行为的认定。环保部门认定环境违法给予行政处罚的证据要求与公安机关认定环境违法或环境犯罪的证据要求不相符，环保部门执法人员取证能力以及对证据材料的保全等不能满足公安机关的要求，这些都可能导致环保部门移送给公安机关的案件因不符合

二、四个配套办法适用与实施面临的问题和挑战

要求而影响公安机关对环境违法行为或环境犯罪行为的认定，最终导致案件被公安机关退回。但是案卷材料被退回并根据该条规定结案后，环保部门并没有职权和程序空间去补齐所需证据材料，这就可能导致违法分子无法受到应有的惩罚。

因此，环保部门和公安机关要完善案件移送、联合调查等机制。当案件所需证据材料超出环保部门的调查职权范围时，公安机关可以依据《移送行政拘留办法》第13条的规定主动补充调查，而不应该"一刀切"地适用退回并结案的简单处理方式。

(三) 执法人员对配套办法的部分规定在理解上有瑕疵

1. 在线监测数据并未在行政执法中予以排除

在线监测数据是指国控企业污染源自动监测设备在正常运行状态下所提供的实时监测数据，即通过有效性审核的污染源自动监测数据。《环境行政处罚办法》第36条规定："环境保护主管部门可以利用在线监控或者其他技术监控手段收集违法行为证据。经环境保护主管部门认定的有效性数据，可以作为认定违法事实的证据。"《国家监控企业污染源自动监测数据有效性审核办法》第4条规定："有效的国控企业污染源自动监测数据是国控企业计算主要污染物排放数量和确定达标排放的依据，是环境保护主管部门总量考核、监督执法、排污申报核定等工作的基础。"但是，在污染源自动监控系统的实际运行过程中，由于种种原因会出现数据缺失等不稳定情况；另外，部分污染源责任企业单位为了逃避监管，会非法对污染源自动监测数据作假，所以，执法过程中会出现在线监测数据与环保部门行政执法人员、环境监测人员的现场监测所得数据不一致的情况。这就导致监测数据存在矛盾的问题，从而未被司法机关普遍认可，因此，在线监测数据在环境执法过程中还未得到普遍应用。

然而，在线监测数据是否被司法机关普遍认可并不能阻碍其成为环境保护行政部门实施行政处罚的证据。在线监测数据在司法审判中是否具有

新《环境保护法》四个配套办法实施与适用评估报告（2015—2017 年）

合法性需要由法庭根据不同情况具体分析、判断。在行政执法过程中，污染源自动监测系统的实时监测数据及其统计数据，能够有效反映排污者排放污染物浓度是否超过排放标准，对于已经因排污超标受到环保部门行政处罚的企业，在线监测数据还能够反映污染企业在受罚之后是否停止了污染行为，可以作为环保部门再次实施行政处罚的证据。

但是就实施按日连续处罚过程中企业违法排放污染物的认定，《按日连续处罚办法》第 8 条第 2 款并未将企业在线监测数据作为认定证据予以明确规定。原因在于：在自动监控系统正常运行的情况下，在线监测设备可以连续不间断地记录企业每天的排污数据，环保部门可以根据每天的在线监测数据认定企业当天是否存在超标排污行为，根据实际的超标天数，对每一天的超标排污行为分别予以一次单独的行政处罚。这种做法实际上相当于一种以"日"来计算的"按次计罚"——每日的违法行为视为"一次"，所针对的处罚对象不是"拒不改正违法行为"的行为，而是每天的"违法行为"本身。因此，相对于按日连续处罚在初次检查发现违法排污行为后 30 日内组织复查的监管模式，在线监测数据因其记录数据的连续性、完整性，能够更真实、准确地反映企业在初次检查至复查期间的排污状况。正因为处罚对象和计罚方式的不同，行政机关在制订《按日连续处罚办法》时并未考虑企业在线监测数据超标的情形，但这并不影响在线监测数据在环境执法特别是行政处罚中的应用。

2. 地区上报四类案件信息中存在法律适用错误的问题

根据全国 32 个地区上报的四类案件信息，有少数案件信息中存在法律适用错误的问题，如存在"适用情形"与"主要违法行为"不符，或扩大四个配套办法适用情形等问题。

根据上报数据，有些环境保护部门对一些违反"三同时"制度、未批先建的企业采取了扣押措施，从《查封扣押办法》第 4 条规定的适用范围来看，如果仅仅是违反"三同时"制度或未批先建，而没有"造成或可能造成严重污染的"情形，则不足以构成实施查封的依据。此外，新《环境保护法》第 61 条规定："建设单位未依法提交建设项目环境影响评价文件

二、四个配套办法适用与实施面临的问题和挑战

或者环境影响评价文件未经批准,擅自开工建设的,由负有环境保护监督管理职责的部门责令停止建设,处以罚款,并可以责令恢复原状"。可见,对于未批先建的行为,环境保护部门应当责令建设单位停止建设并处以罚款,在没有造成污染或可能造成污染的情况下,不应对违法企业实施查封扣押。

另外,在《限产停产办法》第6条规定的六种适用停产整治措施的情形中,适用第6项"法律、法规规定的其他情形"的案件数最多。但各地上报数据显示,其所适用的其他法律、法规大多数为《环境影响评价法》《固体废物污染环境防治法》等,其处置的行为包括未批先建、生产规模与环评不符、未按照环评处理废堆浸渣场、未建设拦洪坝、应急预案未备案等。但是,这些行为并非新《环境保护法》第60条规定的适用限制生产、停产整治措施的情形,即"超过污染物排放标准或者超过重点污染物排放总量控制指标排放污染物的",不应当适用《限产停产办法》第6条第6项的规定,属于实践中适用法律错误问题。同样,在适用《按日连续处罚办法》第5条第5项或第6条的规定时,也存在超出新《环境保护法》规定的适用按日连续处罚措施的前提——"违法排放污染物"范围的情形。

在执法实践中,应当对"法律、法规规定的其他情形"有所区分,并注意四个配套办法适用的大前提,即新《环境保护法》第25条、第59条、第60条以及第63条的规定。在执法中尤其需要注意查封扣押措施适用的前提,即新《环境保护法》第25条"违反法律法规规定排放污染物,造成或者可能造成严重污染的",以及停产整治措施适用的大前提,即"超过污染物排放标准或者超过重点污染物排放总量控制指标排放污染物的",不能扩大新《环境保护法》第26条、第60条规定的适用范围。因此,实践中,应加强对四个配套办法条文的学习和理解,进一步总结按日连续处罚前置条件——"违法排污的,责令改正并处以罚款"可以适用的法律法规,总结四个配套办法所规定的"法律、法规规定的其他情形"包括哪些法律法规的规定,进一步适时总结和罗列,以指导地方的执法实践工作。

（四）案件信息公开工作未完全落实

1. 环保执法机关对环境案件信息未做到及时全面公开，信息公开工作应进一步加强

在各地上报的信息中，仍有部分地区没有对案件信息是否公开进行上报，可见环境案件信息的公开工作未引起普遍重视。另外根据各地上报的信息，仍有近29%以上的案件信息没有进行公开，可见环境案件信息的公开工作未得到全面贯彻实施。四个配套办法虽然就信息公开工作作出规定，但仍存在案件信息未及时公开的情况，因此，应着重推动按日连续处罚案件信息的依法、及时公开，做到案件数量上的全覆盖。

具体而言，《按日连续处罚办法》第4条、《查封扣押办法》第4条、《限产停产办法》第4条均对信息公开的内容作出了明确规定，但在实践中环保部门公开的案件信息并不完整。如《查封扣押办法》第7条规定："环境保护主管部门实施查封、扣押的，应当依法向社会公开查封、扣押决定，查封、扣押延期情况和解除查封、扣押决定等相关信息"。该条明确了环境保护部门对查封、扣押决定及其相关信息的公开义务。但是，课题组通过网络、报纸等渠道调查发现，大部分环境保护部门在实施查封、扣押之后并没有依法公开相关信息。有些环境保护部门仅仅公布了案件数量，有些环境保护部门仅仅公布了被查封、扣押的企业名称，大部分环境保护部门没有公布解除查封、扣押的相关信息。总之，在查封、扣押信息公开方面，地方环境保护部门大多没有依照规定履行职责。

另外，《移送行政拘留办法》虽然未明确规定"信息公开"，但依据《环境信息公开办法（试行）》第11条的规定，环保部门应当在职责权限范围内向社会主动公开政府环境信息，其第12项明确规定"环境行政处罚"应是环保部门主动公开的环境信息之一。鉴于"行政拘留"是环境行政处罚的一种类型，移送行政拘留案件是环境执法案件的一种，环保机关对于将环境违法者移送行政拘留的案件也应按照《环境保护法》和《环境信息公

开办法》的规定予以公开。

2. 环保机关对环境案件的信息公开应当采用传统与创新相结合、灵活与固定相结合的方式，通过多种途径来公开环境案件信息

环保机关对环境案件信息大多以环保部门官方网站公布为主，还有部分环保机关仅通过环保部门的"公告栏"、政府部门前张贴的公告、机关内部的"政务公开栏"、环保局 LED 牌等传统方式予以公开。这类仅在机关所在区域内部，以"公告栏"的方式公开环境案件信息的做法，并未做到真正向社会公开，不能发挥环境信息公开的作用。因此，在社交媒体迅速发展的今天，环保部门案件信息公开也应当采用传统与创新相结合、灵活与固定相结合的方式，综合利用官方网站、网络平台、社交平台等途径来公开环境执法案件信息，以更好地满足不同类型社会公众和行政相对人的信息获取需求。

3. 排污者信息公开规定不明确，排污者信息公开规则应进一步完善

《限产停产办法》中涉及排污者信息公开的条款为第 16 条与第 17 条。《限产停产办法》第 16 条规定，收到责令限制生产决定书或者责令停产整治决定书的排污者应当在 15 个工作日内将整改方案报作出决定的环境保护主管部门备案并向社会公开。《限产停产办法》第 17 条规定："排污者完成整改任务的，应当在十五个工作日内将整改任务完成情况和整改信息社会公开情况，报作出限制生产、停产整治决定的环境保护主管部门备案，并提交监测报告以及整改期间生产用电量、用水量、主要产品产量与整改前的对比情况等材料。限制生产、停产整治决定自排污者报环境保护主管部门备案之日起解除。"

根据《限产停产办法》上述两条规定，排污者有义务将整改方案、整改任务完成情况、整改信息向社会公开。通过将整改方案与整改完成情况向社会公开，引入公众参与，通过公众监督对企业的整改形成威慑力。有评估专家认为："《限产停产办法》这两条规定仍不够明确和详细，并未规

定企业信息公开的渠道和方式，也未规定企业未按要求进行信息公开的补救或惩治措施。另外，对于整改方案、整改信息公开的具体内容，本《限产停产办法》也未予以详细说明。"

因此，在《限产停产办法》实施过程中，可以进一步明确规定或转引相关法律规定来明确企业信息公开的渠道、方式、内容，以及企业未及时进行信息公开的补救与惩治措施。在公开信息的渠道方面，应吸纳各种公开途径，如网络、微博、微信方式，真正实现公众参与和监督。另外，在公开程序的规定上，应进一步细化或指明所应适用的相关法律规则。

（五）环保执法人员应在执法实践中综合适用四个配套办法

1. 环境执法应依法巧用"组合拳"

四个配套办法规定了四种环境执法措施，四种环境执法措施对打击环境违法行为具有不同的作用。按日连续处罚可以督促违法者尽快改正违法排污行为，提高其环境违法成本；查封扣押措施可以及时制止环境污染的行为，进而服务于对环境违法行为进行调查取证，最终作出环境行政处罚或将涉嫌犯罪案件移送公安机关；限产停产措施对环境违法者有更严厉的惩治，对其生产经营造成直接影响；移送行政拘留措施对违法者或违法企业直接责任人的人身自由进行限制，是最为严厉的环境处罚措施，对环境违法者有较大的威慑力。因此，环境执法实践中，环境执法人员应根据环境违法者的行为危害程度，综合利用四个配套办法，打好"组合拳"，采取最佳措施打击环境违法行为，预防环境违法行为的发生。

2. 《查封扣押办法》与《移送行政拘留办法》的贯彻实施需要公安机关依法配合

在实施四个配套办法的过程中，《查封扣押办法》与《移送行政拘留办法》涉及环境执法部门与公安机关的合作。如执法实践中存在企业被查封后私自毁损封条并恢复生产的情形。依据《查封扣押办法》第23条第2款

二、四个配套办法适用与实施面临的问题和挑战

规定,"排污者阻碍执法、擅自损毁封条、变更查封状态或者隐藏、转移、变卖、启用已查封的设施、设备的,环境保护主管部门应当依据《中华人民共和国治安管理处罚法》等法律法规及时提请公安机关依法处理"。环境保护部门应当依法将案件移送公安机关处理。但由于有的公安部门对于环境保护部门的案件移送、证据标准等问题存在不同认识,不予立案,导致毁损封条并恢复生产的问题不了了之。《环境保护法》的实施并不只是环境保护部门的职责,一切有关的政府机关都应当在自己的职责范围内配合环境保护部门的工作。

另外,与公安机关联系最为紧密的《移送行政拘留办法》是新《环境保护法》最为严厉的一颗"钢牙",因此公安机关应当做好环境执法的后盾,对严重危害生态环境的行为予以惩治。为加强实施《移送行政拘留办法》,需要进一步加强环境保护执法机关与公安机关的协同配合,完善二者在制度、程序、证据方面的衔接。如《移送行政拘留办法》第15条规定,公安机关对于移送的案件认为不符合行政拘留条件的,应当在受案后5日内书面告知案件移送部门并说明理由,同时退回案卷材料。案件移送部门收到书面告知及退回的案卷材料后应当依法予以结案。但是如果出现公安机关退回理由不合理的情形,办法未能规定环保部门可以采取的后续措施,也未能有效解决采取后续措施与已经根据该条"结案"的案件之间的关系问题。环保部门和公安机关要完善案件移送、联合调查等机制。当案件所需证据材料超出环保部门的调查职权范围时,公安机关可以主动补充调查,而不应该"一刀切"地适用退回并结案的简单处理方式。

3. 行政处罚与刑事侦查对接不顺,环境保护部门与公安部门衔接、配合需进一步加强

虽然《环境保护法》及相关法律、法规规定了很多措施,但是在具体执行中有些措施不具有可操作性,部门之间衔接也会出现问题,一些案件在向公安部门移交的过程中会出现问题,缺乏法律支持。然而对于环境保护部门与公安机关衔接问题,各地也采取措施加强二者的联系,如重庆市政府在《关于进一步加强环境监管执法的通知》中指出:"要全面实施行政

新《环境保护法》四个配套办法实施与适用评估报告（2015—2017 年）

执法与刑事司法联动。环境保护部门和公安机关、人民法院、检察机关建立健全环保行政执法与刑事司法联动机制，严厉打击环境领域违法犯罪行为，依法追究环境损害责任者的相关责任。要建立联动执法联席会议、常设联络员、紧急案件联合处置和重大案件会商督办等制度，完善案件移送、联合调查、信息共享和奖惩机制，实现行政处罚和刑事处罚无缝衔接。"浙江省奉化区环境执法监察实行上下联动，有效提升了行政执法力度。奉化区成立环境监察大队直属中队，入驻市行政执法中心，重点负责处置大案要案、紧急环境应急等，实现刑事侦查和行政处罚的无缝对接。

另外，行政处罚所用证据材料与刑事侦查所需证据材料不同，影响了公安机关对环境违法行为和环境犯罪行为的认定。环保行政执法机关认定环境违法给予行政处罚的证据要求与公安机关认定环境违法以及环境犯罪的证据要求不相符，环保行政执法机关工作人员取证能力以及对证据材料的保全等不能满足公安机关的要求，这些都可能导致环保行政执法机关移送给公安机关的案件无法满足公安机关的要求，使公安机关无法认定环境违法行为或环境犯罪行为，最终导致案卷材料被退回。实践中存在的这些问题，都需要环保机关与公安机关进一步协商，在环境执法中促进环境行政机关与公安机关的衔接与合作。

结　语

新《环境保护法》以及四个配套办法的实施，是环境执法的重要依据，更是环境治理的有力保障。四个配套办法既赋予了环境执法部门权力，也是对其权力行使的规范和限制。对四个配套办法适用与实施情况进行评估，既可督促全国各地依法实施四个配套办法，也可对全国各地环境执法情况予以监督。对四个配套办法适用与实施的评估工作，既是对四个配套办法本身适用与实施情况的评估，也是对全国32个地区实施四个配套办法情况以及环境执法情况的客观反映。

新《环境保护法》以及四个配套办法实施一年来，在全国范围内得到了较好的贯彻实施，并受到了社会各界的普遍关注。四个配套办法的适用，发挥了打击环境违法行为、惩治环境违法行为的作用，提高了排污企业的违法成本，并对排污企业形成了强大的威慑力。四个配套办法实施后，排污企业以及社会公众均感受到环境行政执法的严厉性，并感受到严格的环境行政执法带来了环境质量的改善。四个配套办法实施一年来虽然仍存在一些问题和瑕疵，但总体上取得了较好的执法成绩，实现了新《环境保护法》为四颗"钢牙"所设计的应有的效果。

附件一：

新《环境保护法》四个配套办法实施与适用评估方法

课题组主要采用三种评估方法对四个配套办法的实施与适用情况进行了评估，即专家评估、数据分析、问卷调查相结合的评估方法。为实施本次评估，组成专门评估团队，包括专家组（7—9 人）、数据组（3 人）、问卷组（6 人）。

一、专家评估

专家评估，即邀请相关领域专家，根据专家本人的专业知识背景及实践经验对四个配套办法进行评价。专家评估主要对配套办法的文本内容进行考察，针对配套办法本身的合法性与合理性进行评价。专家评估采取专家论证会的形式进行。在专家论证会上，与会专家对配套办法的文字、内容进行讨论和评价，并单独填写《专家评估问卷》。

专家组成员共 7—9 人，由不同专业背景人员组成，包括：

(1) 法学专家：2—3 名；

(2) 上级环保部门环境监察或法制工作人员：1—2 人；

(3) 地方环保部门环境监察或法制工作人员：1 人；

(4) 人大代表、政协委员或者人大、政府法制部门工作人员：1 人；

(5) 环保产业协会或环境科学社团代表：1 人；

附件一：新《环境保护法》四个配套办法实施与适用评估方法

（6）公众或环保公益组织代表：1人。

《专家评估问卷》共四份，分别为《〈环境保护主管部门实施按日连续处罚办法〉专家评估问卷》《〈环境保护主管部门实施查封、扣押办法〉专家评估问卷》《〈环境保护主管部门实施限制生产、停产整治办法〉专家评估问卷》以及《〈行政主管部门移送适用行政拘留环境违法案件暂行办法〉专家评估问卷》。四份专家评估问卷是根据四个配套办法的具体内容设计的25个问题，以回答"是""否""不清楚"的问卷，考察以下三个方面的内容：

（1）四个配套办法的文字表述是否清晰，章节名词与章节内容安排是否合理；

（2）四个配套办法中规定的适用情形的合法性与合理性；

（3）四个配套办法中规定的实施程序的合法性、合理性与易操作性。

专家评估分两次召开。《按日连续处罚办法》《限产停产办法》《移送行政拘留办法》的专家评估会议于2015年12月18日上午在中国人民大学明德法学楼召开。此次专家评估会议邀请9名专家出席，他们分别来自全国政协、环保部、北京市海淀区环保局、中国人民大学法学院、中国环境科学学会、环保公益组织。会上，评估项目实施单位介绍了课题背景与评估方法，听取与会专家对于评估方法的建议；来自环保部有关业务部门的工作人员对制定颁布三个配套办法的背景、特点，以及三个配套办法实施近一年来的基本情况作了简要介绍。与会专家就三个配套办法的文本内容、规定的适用情形以及实施程序的合法性和合理性进行了讨论和评价。最后，专家们分别独立填写《〈环境保护主管部门实施按日连续处罚办法〉专家评估问卷》《〈环境保护主管部门实施限制生产、停产整治办法〉专家评估问卷》以及《〈行政主管部门移送适用行政拘留环境违法案件暂行办法〉专家评估问卷》。本次论证会下发三类专家评估问卷各9份，各收回问卷9份，均为有效问卷。

《查封扣押办法》的专家评估会于2016年1月18日上午在广州召开。此次专家评估会邀请了7名专家出席，他们分别来自广东省环保厅、中山大学法学院、暨南大学法学院、广州市政府法制办、广州市环境科学学会、

新《环境保护法》四个配套办法实施与适用评估报告（2015—2017年）

广州市番禺区环保局、环保公益组织。与会专家就《查封扣押办法》的文本内容、规定的适用情形以及实施程序的合法性和合理性进行了讨论和评价，并独立填写了《〈环境保护主管部门实施查封、扣押办法〉专家评估问卷》。本次论证会共下发问卷7份，收回问卷7份，均为有效问卷。

二、数据分析

数据组对课题组收集的适用配套办法的案件信息进行统计和分析。数据分析是根据数据对四个配套办法的实施情况与效果作出客观评价。

为进行四个配套办法实施与适用情况的评价，课题组收集了全国31个省、直辖市、自治区（不含港、澳、台地区）以及新疆生产建设兵团，共32个地区适用《限产停产办法》案件的数据。数据按月进行上报和统计，截至报告起草时间为止，已收集从2015年1月至2015年12月32个地区适用四个配套办法的四类案件情况（部分地区的部分月份数据仍然缺失）。

根据收集数据的质量，有些具体信息要素各地填写情况不一致，存在不完整的情形。因此，课题组对数据进行梳理，对四个配套办法的数据评估从以下方面展开分析：

（1）四个配套办法所规定的适用情形的适用情况；

（2）违法反弹率，即某一地区违法企业被处以某种行政处罚（强制）后，再次被处以行政处罚或被采取行政强制措施的比例；

（3）信息公开情况，即通过环保部提供的各个地区上报的信息公开情况；

（4）环境行政机关将案件移送公安机关前作出的行政决定数。

三、问卷调查

问卷组是通过问卷调查的形式对配套办法实施情况与效果进行分析和评价。问卷调查是通过以下四类主体对配套办法实施情况的主观感受来评

附件一：新《环境保护法》四个配套办法实施与适用评估方法

估配套办法的实施效果。

问卷调查对象包括四类主体：

（1）环保行政机关工作人员：采样对象包括各级环保行政机关的工作人员，具体包括负责政策法规工作的人员及一线执法人员；

（2）行政相对人：采样对象应覆盖多个行业、多个类型的企事业单位职员，职员应对企事业单位环保工作或法务工作较为了解；

（3）社会公众：采样对象应覆盖不同职业、不同年龄层的公众，而且必须涉及排污企业周边的居民；

（4）公安机关工作人员：采样对象包括各级公安局及其派出机构的工作人员，尤其是公安机关中负责侦办环境相关案件的工作人员（此类问卷调查仅针对《移送行政拘留办法》的评估）。

四个配套办法的实施，涉及环保部门工作人员、公安机关工作人员、排污企业和社会公众的利益。为了对四个配套办法的实施效果进行科学评价，环保部环境监察局处罚处考虑到地域分布的代表性和省、市、县三级环保部门的分层代表性，特委托浙江、重庆、广州、河北四地的环境监察机构，对环境保护机关工作人员、排污企业、社会公众、公安机关工作人员进行问卷调查。

课题组针对不同的调查对象设计了四类不同的调查问卷，即《关于新〈环境保护法〉实施的配套办法实施与适用情况的调研问卷》，包括问卷 A、问卷 B、问卷 C 与问卷 D。问卷 A 针对环保部门的工作人员发放，包括环保部门的负责人、法制工作人员、监察执法人员、12369 信息中心工作人员以及其他相关业务人员，并且问卷对象涵盖省、市、县三级环保部门。问卷 B 针对排污企业发放，主要包括有环境违法行为的排污企业，以及重点排污监管企业等。问卷 C 针对社会公众发放，尤其是排污企业附近公众以及其他关注环境保护的人员，如环保组织工作人员、高校与环境相关学科的学者或学生等。问卷 D 主要针对公安机关负责办理环境案件的工作人员，涉及省、市、县三级公安机关工作人员（详见附表 1-1）。

新《环境保护法》四个配套办法实施与适用评估报告（2015—2017年）

附表1-1　　　　　　　问卷调查问卷发放对象与回收总数

发放对象		回收总数（单位：份）
问卷A	环保部门负责人、法制工作人员、监察执法人员、12369信息中心工作人员以及其他工作人员　　省级环保部门 市级环保部门 县/区级环保部门	962
问卷B	有环境违法行为的排污企业，以及重点排污监管企业等	739
问卷C	排污企业附近公众以及其他关注环境保护的人员（如环保组织工作人员、高校与环境相关学科的学者或学生等）	721
问卷D	公安机关负责办理环境案件的工作人员　　涉及省、市、县三级公安机关	292
合计		2 714

问卷发放工作由浙江省环境执法稽查总队、重庆市环境监察总队、广州市环保局、河北省辛集市环境监察大队分头负责组织。问卷调查工作于2015年12月中旬开始，至2016年1月中旬结束。截至2016年1月22日，课题组共收到问卷A：962份，问卷B：739份，问卷C：721份，问卷D：292份。针对从四个地区回收的问卷，课题组进行了筛选和统计。由于回答问卷人员知识结构、教育背景不同，对环境保护法律法规了解程度不同，回收问卷的质量参差不齐，课题组将问卷A中未回答题数超过5题、问卷B中未回答题数超过3题、问卷C中未回答题数超过3题、问卷D中未回答题数超过2题的问卷视为无效。经课题组统计与筛选，最终认定：问卷A有效862份、无效100份，问卷B有效727份，无效12份，问卷C有效711份，无效10份，问卷D有效285份，无效7份（详见附表1-2）。

附件一：新《环境保护法》四个配套办法实施与适用评估方法

附表 1-2　　四地问卷调查回收问卷总数、无效问卷数、有效问卷数（单位：份）

问卷调研地		重庆	浙江	广州	河北	合计
问卷 A	回收	587	196	158	21	962
	无效	68	23	8	1	100
	有效	519	173	150	20	862
问卷 B	回收	371	225	123	20	739
	无效	9	0	1	2	12
	有效	362	225	122	18	727
问卷 C	回收	345	233	131	12	721
	无效	3	5	1	1	10
	有效	342	228	130	11	711
问卷 D	回收	102	0	185	5	292
	无效	1	0	6	0	7
	有效	101	0	179	5	285

附件二：

全国 32 个地区执行四个配套办法状况排序说明

新《环境保护法》与四个配套办法颁布后，全国 32 个地区均积极响应，加以实施。全国各地因自然环境、经济水平、环境意识、执法能力等的差异，对四个配套办法的实施以及环境执法存在差别。为更好地发挥环境保护部统一监督管理环境的职能，特根据此次调研评估结果，对全国 32 个地区实施四个配套办法的情况进行排序，以便上级环保部门因地制宜地进行环境管理和监督。

一、排序方法

对于各省份的环境执法状况进行合理的评价及排序，关键是处理好案件数、反弹率与信息公开比或与其他参数之间的关系，使之结合起来能够反映出该省的执法状况。因无法准确知晓案件数、反弹率与信息公开比之间存在何种量化关系，故难以采用传统的建立合理数学模型的方法进行量化排序。经过几种排序方式的比对，课题组最终决定采用"各要素分别排序赋值，加权求和"的方法，对全国 32 个地区执行四个配套办法的情况进行排序，即通过对案件数、反弹率和信息公开比这三要素分开排序赋分，最后再进行加权求总分的方法。

附件二：全国32个地区执行四个配套办法状况排序说明

1. 加权数占总分值的份额

根据我国环境执法现状，并参考环境执法业绩考核评价体系，本次排序以案件数为主，辅以反弹率和信息公开情况的评价，以促使各省市环境执法做到有案必执法，实现执法必公开、执法不反弹的目标。因此在加权数上，案件数排名分值、反弹率排名分值、公开率排名分值分别占总分的50%、30%、20%；另外，《移送行政拘留办法》没有信息公开条款，且各地上报信息中也没有信息公开部分，故将信息公开所占20%的份额，平均分配给案件数以及反弹率，因此在《移送行政拘留办法》执行情况的排序中，案件数排名分值、反弹率排名分值占总分份额调整为60%、40%。

2. 三要素分别赋值后加权求和

根据案件数、反弹率、信息公开率三个要素对32个地区执行四个配套办法的情况进行评价，案件数越多的地区，执法力度越强，执法情况越好；反弹率越低的地区，执法效果越好；信息公开率越高的地区，越有利于环境执法的可持续发展。据此，课题组将四个配套办法实施情况中的案件数、反弹率、信息公开率分别进行排序，其中案件数、信息公开率由高到低，依次赋分32—1；反弹率由低到高，依次赋分32—1。

然后，对四个配套办法执行情况的分值分别计算，对三个分值进行加权求和，得到32个地区分别执行四个配套办法情况的分值。

最后将32个地区分别执行这四个配套办法所得分值进行加权求和，即得出最后总分。

这种"各要素分别排序赋值，加权求和"的方法只是一种较为粗略的排序方法，难以做到全面分析，如在案件数上，无法考虑到各省份因发展水平、经济结构不同而造成的案件数差异；又如加权系数的分配是否合理；等等。但无可否认，在当前新环境法初步实施的背景下，它同样具有一定的参考价值，可以据此对全国范围内32个地区执行四个配套办法的情况进行评价。

新《环境保护法》四个配套办法实施与适用评估报告（2015—2017年）

二、数据的分析处理与排序结果

1.32个地区执行《按日连续处罚办法》的分值与排序

地区	按日计罚案件总数	案件总数排名得分	被处以按日连续处罚的企业违法行为反弹率	反弹率排名得分	信息公开率	信息公开率排名得分	按日计罚总得分	按日计罚排名	按日计罚积分
福建	30	26	0.00%	32	80.00%	22	27.00	1	32
上海	11	17	0.00%	32	100.00%	32	24.50	2	31
浙江	40	28	5.26%	18	77.50%	21	23.60	3	30
江苏	59	29	3.57%	19	74.58%	17	23.60	3	30
广东	34	27	13.79%	14	97.06%	27	23.10	5	28
陕西	10	16	0.00%	32	90.00%	25	22.60	6	27
河南	86	31	48.65%	2	97.67%	28	21.70	7	26
湖南	6	11	0.00%	32	100.00%	32	21.50	8	25
海南	6	11	0.00%	32	100.00%	32	21.50	8	25
山西	29	25	12.00%	16	75.86%	20	21.30	10	23
内蒙古	84	30	16.00%	10	55.95%	10	20.00	11	22
贵州	5	8	0.00%	32	100.00%	32	20.00	11	22
辽宁	101	32	30.19%	5	53.47%	9	19.30	13	20
湖北	23	21	10.00%	17	73.91%	16	18.80	14	19
河北	20	19	13.33%	15	85.00%	23	18.60	15	18
四川	8	14	0.00%	32	37.50%	5	17.60	16	17
甘肃	4	7	0.00%	32	75.00%	19	16.90	17	16
北京	4	7	0.00%	32	75.00%	19	16.90	17	16
广西	12	18	25.00%	7	91.67%	26	16.30	19	14

44

附件二：全国32个地区执行四个配套办法状况排序说明

续前表

地区	按日计罚案件总数	案件总数排名得分	被处以按日连续处罚的企业违法行为反弹率	反弹率排名得分	信息公开率	信息公开率排名得分	按日计罚总得分	按日计罚排名	按日计罚积分
黑龙江	27	24	18.18%	8	51.85%	8	16.00	20	13
吉林	26	23	25.00%	7	57.69%	11	15.80	21	12
云南	8	14	14.29%	13	87.50%	24	15.70	22	11
天津	25	22	35.71%	4	60.00%	12	14.60	23	10
重庆	9	15	14.29%	13	66.67%	15	14.40	24	9
山东	21	20	36.36%	3	66.67%	15	13.90	25	8
青海	4	7	0.00%	32	25.00%	2	13.50	26	7
安徽	8	14	14.29%	13	62.50%	13	13.50	26	7
江西	2	2	0.00%	32	50.00%	7	12.00	28	5
新疆	3	3	0.00%	32	33.33%	4	11.90	29	4
西藏	0	1	0.00%	32	0.00%	1	10.30	30	3
兵团	6	11	16.67%	9	33.33%	4	9.00	31	2
宁夏	4	7	66.67%	1	50.00%	7	5.20	32	1

2. 32个地区执行《查封扣押办法》的分值与排序

地区	查封扣押案件总数	案件总数排名得分	被处以查封扣押的企业违法行为反弹率	反弹率排名得分	信息公开率	信息公开率排名得分	查封扣押排名得分	查封扣押排名	查封扣押积分
湖北	159	26	0.00%	32	76.10%	22	27.00	1	32
北京	289	29	0.35%	20	100.00%	32	26.90	2	31
浙江	1150	32	0.61%	19	67.57%	18	25.30	3	30
广东	719	31	1.41%	16	76.50%	24	25.10	4	29

45

新《环境保护法》四个配套办法实施与适用评估报告（2015—2017年）

续前表

地区	查封扣押案件总数	案件总数排名得分	被处以查封扣押的企业违法行为反弹率	反弹率排名得分	信息公开率	信息公开率排名得分	查封扣押排名得分	查封扣押排名	查封扣押积分
江苏	150	25	0.00%	32	54.67%	11	24.30	5	28
河南	180	28	1.69%	14	95.56%	30	24.20	6	27
福建	354	30	1.14%	18	73.45%	19	24.20	6	27
内蒙古	107	23	0.00%	32	60.75%	13	23.70	8	25
贵州	78	19	0.00%	32	75.64%	21	23.30	9	24
陕西	175	27	1.74%	13	78.29%	25	22.40	10	23
安徽	130	24	1.56%	15	65.38%	17	19.90	11	22
湖南	84	20	1.20%	17	76.19%	23	19.70	12	21
天津	19	9	0.00%	32	84.21%	27	19.50	13	20
江西	49	18	2.08%	11	91.84%	29	18.10	14	19
云南	31	11	0.00%	32	61.29%	14	17.90	15	18
甘肃	100	22	2.04%	12	63.00%	16	17.80	16	17
海南	1	2	0.00%	32	100.00%	32	17.00	17	16
上海	15	7	0.00%	32	60.00%	12	15.50	18	15
四川	38	15	2.70%	9	81.58%	26	15.40	19	14
新疆	19	9	0.00%	32	15.79%	2	14.50	20	13
宁夏	10	5	0.00%	32	50.00%	10	14.10	21	12
山东	97	21	4.30%	6	46.39%	7	13.70	22	11
青海	2	3	0.00%	32	50.00%	10	13.10	23	10
山西	49	18	4.26%	7	44.90%	5	12.10	24	9
广西	23	10	4.55%	5	91.30%	28	12.10	24	9
重庆	35	13	3.03%	8	62.86%	15	11.90	26	7
黑龙江	40	16	2.56%	10	42.50%	4	11.80	27	6

附件二：全国 32 个地区执行四个配套办法状况排序说明

续前表

地区	查封扣押案件总数	案件总数排名得分	被处以查封扣押的企业违法行为反弹率	反弹率排名得分	信息公开率	信息公开率排名得分	查封扣押得分	查封扣押排名	查封扣押积分
西藏	0	1	0.00%	32	0.00%	1	10.30	28	5
吉林	32	12	6.67%	4	50.00%	10	9.20	29	4
辽宁	37	14	9.68%	3	37.84%	3	8.50	30	3
兵团	8	4	25.00%	1	75.00%	20	6.30	31	2
河北	11	6	10.00%	2	45.45%	6	4.80	32	1

3. 32 个地区执行《限产停产办法》的分值与排序

地区	限产停产案件总数	案件总数排名得分	被处以限产停产的企业违法行为反弹率	反弹率排名得分	信息公开率	信息公开率得分	限产停产得分	限产停产排名	限产停产积分
湖南	396	31	0.52%	23	82.32%	27	27.80	1	32
甘肃	89	22	0.00%	32	82.02%	26	25.80	2	31
山西	176	27	4.07%	15	92.61%	31	24.20	3	30
江苏	94	23	0.00%	32	41.49%	9	22.90	4	29
浙江	594	32	4.19%	14	54.55%	13	22.80	5	28
福建	108	24	3.92%	16	92.59%	30	22.80	6	28
江西	255	29	1.67%	22	30.59%	6	22.30	7	26
广东	286	30	8.68%	8	59.79%	19	21.20	8	25
安徽	178	28	2.91%	19	24.72%	4	20.50	9	24
河南	72	19	5.97%	12	91.67%	29	18.90	10	23
云南	50	16	2.04%	21	70.00%	22	18.70	11	22
内蒙古	150	26	10.64%	6	58.67%	16	18.00	12	21

47

新《环境保护法》四个配套办法实施与适用评估报告（2015—2017年）

续前表

地区	限产停产案件总数	案件总数排名得分	被处以限产停产的企业违法行为反弹率	反弹率排名得分	信息公开率	信息公开率得分	限产停产得分	限产停产排名	限产停产积分
四川	43	14	2.44%	20	72.09%	24	17.80	13	20
北京	1	3	0.00%	32	100.00%	32	17.50	14	19
上海	7	6	0.00%	32	71.43%	23	17.20	15	18
陕西	114	25	6.33%	10	28.95%	5	16.50	16	17
兵团	16	8	0.00%	32	50.00%	11	15.80	17	16
山东	76	20	11.29%	4	60.53%	20	15.20	18	15
宁夏	65	18	3.33%	18	12.31%	3	15.00	19	14
湖北	51	17	6.12%	11	54.90%	14	14.60	20	13
辽宁	80	21	15.58%	2	58.75%	17	14.50	21	12
贵州	21	9	5.00%	13	90.48%	28	14.00	22	11
青海	5	5	0.00%	32	40.00%	8	13.70	23	10
吉林	29	12	3.45%	17	51.72%	12	13.50	24	9
海南	3	4	0.00%	32	33.33%	7	13.00	25	8
重庆	42	13	7.32%	9	59.52%	18	12.80	26	7
黑龙江	45	15	8.89%	7	44.44%	10	11.60	27	6
广西	26	11	12.00%	3	76.92%	25	11.40	28	5
西藏	0	2	0.00%	32	0.00%	2	11.00	29	4
天津	0	2	0.00%	32	0.00%	2	11.00	29	4
新疆	11	7	11.11%	5	63.64%	21	9.20	31	2
河北	23	10	17.65%	1	56.52%	15	8.30	32	1

附件二：全国 32 个地区执行四个配套办法状况排序说明

4.32 个地区执行《移送行政拘留办法》的分值与排序

地区	移送行政拘留案件总数	案件总数排名得分	被处以移送行政拘留的企业违法行为反弹率	反弹率排名得分	移送行政拘留排名得分	移送行政拘留排名	移送行政拘留积分
山东	167	31	1.20%	18	25.80	1	32
四川	50	21	0.00%	32	25.40	2	31
浙江	479	32	1.46%	15	25.20	3	30
福建	166	30	1.20%	18	25.20	3	30
陕西	40	18	0.00%	32	23.60	5	28
江西	39	17	0.00%	32	23.00	6	27
河北	129	28	1.56%	14	22.40	7	26
广东	122	27	1.64%	13	21.40	8	25
贵州	69	23	1.45%	16	20.20	9	24
云南	24	12	0.00%	32	20.00	10	23
辽宁	134	29	5.26%	6	19.80	11	22
湖南	116	26	2.61%	10	19.60	12	21
甘肃	22	11	0.00%	32	19.40	13	20
上海	14	10	0.00%	32	18.80	14	19
湖北	84	24	2.41%	11	18.80	14	19
河南	106	25	2.88%	9	18.60	16	17
黑龙江	11	9	0.00%	32	18.20	17	16
青海	7	7	0.00%	32	17.00	18	15
天津	6	6	0.00%	32	16.40	19	14
山西	46	19	2.17%	12	16.20	20	13
海南	4	5	0.00%	32	15.80	21	12
新疆	2	4	0.00%	32	15.20	22	11
北京	2	4	0.00%	32	15.20	22	11

续前表

地区	移送行政拘留案件总数	案件总数排名得分	被处以移送行政拘留的企业违法行为反弹率	反弹率排名得分	移送行政拘留排名得分	移送行政拘留排名	移送行政拘留积分
重庆	50	21	6.00%	5	14.60	24	9
安徽	61	22	7.02%	3	14.40	25	8
西藏	1	2	0.00%	32	14.00	26	7
兵团	1	2	0.00%	32	14.00	26	7
吉林	32	16	3.13%	8	12.80	28	5
内蒙古	28	14	3.57%	7	11.20	29	4
广西	30	15	6.67%	4	10.60	30	3
江苏	27	13	7.41%	2	8.60	31	2
宁夏	10	8	10.00%	1	5.20	32	1

5. 32个地区执行四个配套办法总体情况的分值与排序

地区	按日计罚积分	查封扣押积分	限产停产积分	移送行政拘留积分	总积分	附：四类案件总数
浙江	30	30	28	30	118	2 929
福建	32	27	28	30	117	778
广东	28	29	25	25	107	1 436
湖南	25	21	32	21	99	618
陕西	27	23	17	28	95	351
河南	26	27	23	17	93	488
江苏	30	28	29	2	89	407
甘肃	16	17	31	20	84	220
上海	31	15	18	19	83	68
湖北	19	32	13	19	83	333
四川	17	14	20	31	82	156

附件二：全国 32 个地区执行四个配套办法状况排序说明

续前表

地区	按日计罚积分	查封扣押积分	限产停产积分	移送行政拘留积分	总积分	附：四类案件总数
贵州	22	24	11	24	81	183
江西	5	19	26	27	77	353
北京	16	31	19	11	77	297
山西	23	9	30	13	75	310
云南	11	18	22	23	74	120
内蒙古	22	25	21	4	72	377
山东	8	11	15	32	66	432
海南	25	16	8	12	61	15
安徽	7	22	24	8	61	398
辽宁	20	3	12	22	57	396
天津	10	20	4	14	48	78
河北	18	1	1	26	46	299
青海	7	10	10	15	42	19
黑龙江	13	6	6	16	41	123
重庆	9	7	7	9	32	198
广西	14	9	5	3	31	98
新疆	4	13	2	11	30	41
吉林	12	4	9	5	30	120
宁夏	1	12	14	1	28	103
兵团	2	2	16	7	27	31
西藏	3	5	4	7	19	1

2016 年

前　言

2014年新《环境保护法》颁布，为环保部门打击环境违法行为提供了"按日连续处罚""限制生产、停产整治""查封、扣押""移送公安机关行政拘留"等新的执法手段。为贯彻实施新《环境保护法》规定的这四种执法措施，环保部出台了《环境保护主管部门实施按日连续处罚办法》（以下简称《按日连续处罚办法》）《环境保护主管部门实施限制生产、停产整治办法》（以下简称《限产停产办法》）《环境保护主管部门实施查封、扣押办法》（以下简称《查封扣押办法》）等配套规章，并联合公安部、工业和信息化部、农业部、国家质量监督检验检疫总局发布了《行政主管部门移送适用行政拘留环境违法案件暂行办法》（以下简称《移送行政拘留办法》）的规范性文件（以下将这四个文件合称为"四个配套办法"）。

为了考察上述四个配套办法2016年度的实施与适用情况，继完成《新〈环境保护法〉四个配套办法实施与适用评估报告（2015年）》后，中国人民大学法学院继续开展2016年度《〈环境保护法〉配套办法实施情况评估专题研究》的课题研究，对四个配套办法的适用难点、条款使用率、疑难典型案例等实施和适用情况进行评估；同时，对2016年涉嫌犯罪移送公安机关案件基本情况进行分析。故本报告中，部分被评估数据包含适用四个配套办法的案件与涉嫌犯罪移送公安机关案件这五类案件（以下简称"五类案件"）。

课题组根据截至2017年1月15日收集到的全国32个地区2016年1—12月期间的环境违法案件数据，并结合2015年1—12月32个地区环境违

新《环境保护法》四个配套办法实施与适用评估报告（2015—2017 年）

法案件数据，对四个配套办法的实施情况与效果进行了比较分析。后经比较，本报告所用数据，与环保部最终公布的 2016 年四个配套办法执行案件总数 22 730 件，相差 992 件，但不会影响本评估报告的基本结论（见本报告附件，以供对照分析）。

在本研究项目实施过程中，环境保护部环境监察局局长田为勇、副局长闫景军、处罚处处长姬钢、副调研员李铮和干部刘青、张侃，对案例和数据的调取给予了大力支持，在此表示感谢！2017 年 4 月 18 日，中国人民大学法学院在北京发布了《新〈环境保护法〉四个配套办法实施与适用评估报告（2016 年）》，全国政协社会和法制委员会驻会副主任吕忠梅教授、中国政法大学民商经济法学院王灿发教授、北京大学环境科学与工程学院张世秋教授、公共环境研究中心马军主任、中国人民大学环境学院张磊副教授等专家出席成果发布会，对本报告的完善和来年继续实施提出了诸多建议。再次深表衷心感谢！

鉴于任务时间紧、数据统计量大、各地统计数据上报格式和质量不统一，以及课题组研究水平有限，本报告存在错误和不足之处在所难免，恳请读者海涵并指正。

一、2016 年四个配套办法实施总体情况

(一) 2016 年五类案件总数增长幅度大

2016 年 1—12 月，全国五类案件 2016 年的总数为 21 738 件，同比增长 85%。其中，按日连续处罚案件共 974 件，同比上升 36%；罚款数额达 84 820.73 万元，同比增加 49%；实施查封、扣押案件共 9 622 件，同比上升 130%；实施限产、停产案件共 5 211 件，同比上升 68%；移送行政拘留共 3 968 起，同比上升 91%；移送涉嫌环境污染犯罪案件共 1 963 件，同比上升 16%。(详见图 1-1)

图 1-1 2016 年五类案件同比 2015 年变化情况

比较而言，2016 年全国范围内适用查封扣押措施的案件数量最多，占总案件数的 44%；其次为限产停产措施，占总案件数的 24%；而按日连续

新《环境保护法》四个配套办法实施与适用评估报告（2015—2017年）

处罚措施的案件仅占5%。分析其主要原因是，查封扣押措施作为行政强制措施，具有及时制止环境违法行为的功能，能够适用于多种环境违法行为。在三种行政处罚措施中，各级环境行政机关更偏爱适用限产停产措施，通过限制生产或停产整治，迫使排污者自行整改，从根本上解决超标、超总量排污的问题。（详见图1-2）

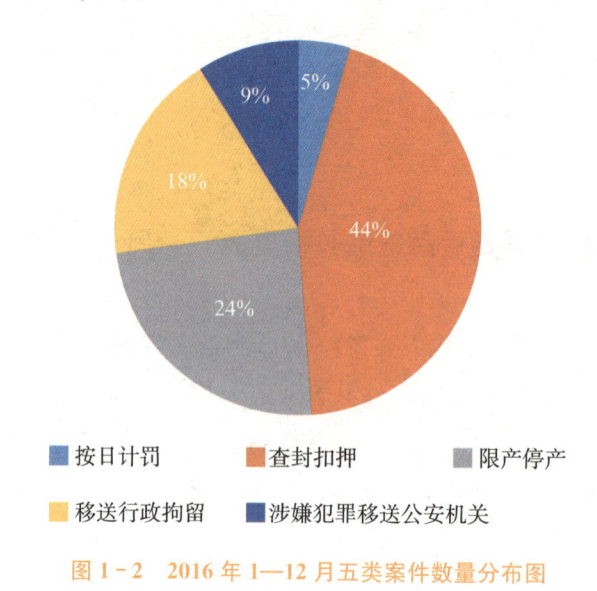

图1-2 2016年1—12月五类案件数量分布图

（二）全国适用四个配套办法的案件数量总体呈增长趋势

结合2015年四个配套办法的实施情况，自新《环境保护法》实施后，从2015年1月到2016年12月，四类案件数量总体呈增长趋势。由图1-3可见，案件数量在每年1、2月较少，每年1—6月呈增长趋势，在每年年底11—12月达到年度案件数峰值。大数据显示，第二季度与第四季度环境违法行为发生率较高，未来环境行政执法力度应随之增强配置。

一、2016年四个配套办法实施总体情况

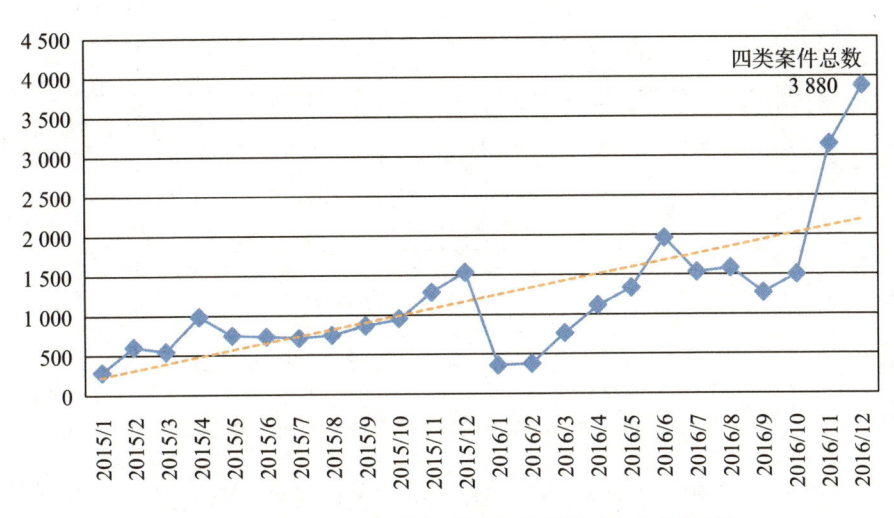

图 1-3 2015—2016年四类案件总数月度变化趋势图

2016年，适用四个配套办法的案件数量整体呈上升的趋势，波动较不明显。由图1-4可见，总体而言，四类案件数量上半年在6月达到峰值，下半年在11月或12月达到峰值。具体而言，适用查封扣押措施的案件数量最多，且总体上呈加速上升趋势。从1月份的167件到12月份的2 209件，案件数量增长1 323%。分析比较半年度上升趋势，适用查封扣押措施的案件数量在上半年于2—3月增长速度最快，为198%；下半年，则是9—10月的增长速度相对较快，为171%。而就四类案件的单月案件数的比较而言，查封扣押的案件数量均为最多。而限产停产案件数的波动相较于其他较为明显，整体上仍呈上升趋势，其数量在1月处于最小值58件，在4月份和10月份稍有下降，分别为165件和120件。相对而言，适用按日计罚、移送拘留案件和涉嫌犯罪案件的数量均呈整体平缓上升趋势，但个别月份也出现下降的情况。其中，按日计罚案件1月份为59件，12月份为176件，上升幅度为298%；移送拘留案件1月份为75件，12月份为694件，上升幅度为925%。

新《环境保护法》四个配套办法实施与适用评估报告（2015—2017 年）

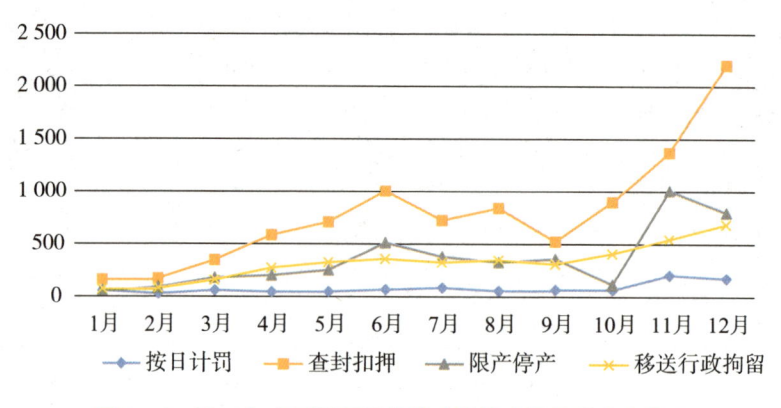

图 1-4　2016 年全国适用四种执法措施案件数月度变化图

比较而言，2016 年适用四个配套办法的案件数量基本上相对于 2015 年有所上升，个别月份低于 2015 年同措施案件数量。其中，适用查封扣押措施的案件数量相较于 2015 年增加最多，除 2 月份下降 219 件外，全年增加 5 436 件。适用按日计罚措施的案件数量相较于 2015 年增加最少，全年增加 269 件。适用限产停产措施的案件数量相较于 2015 年下降的月份数最多，在 1、2、3、4 和 10 月份均有下降，但全年总计增加 1 205 件。适用移送行政拘留措施案件数量较 2015 年增加了 1 889 件。（见图 1-5）

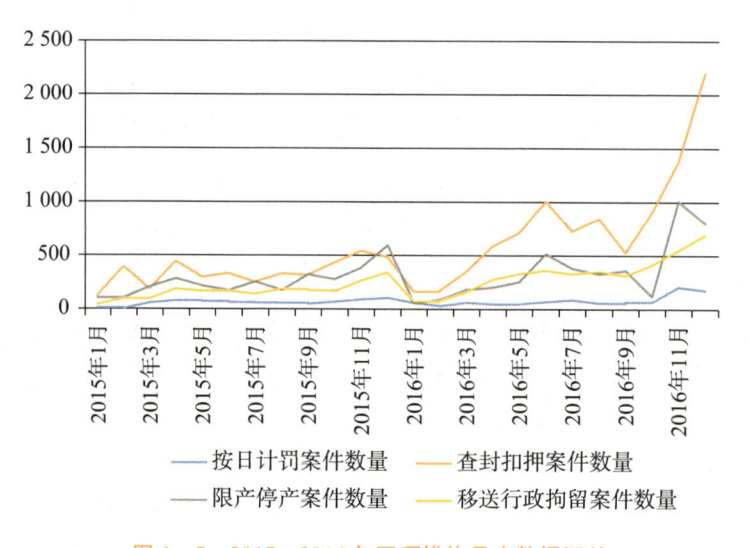

图 1-5　2015—2016 年四项措施月度数据汇总

一、2016年四个配套办法实施总体情况

(三) 四个配套办法在全国范围内普遍实施且具有明显的地域特征

2016年1—12月，全国范围内32个地区（新疆生产建设兵团的案件单独统计）实施新《环境保护法》的四配套办法的案件数的地域分布并不均匀。对四配套办法规定的四种执法措施的案件与涉嫌犯罪移送公安机关的案件进行统计分析可见，案件数量最少的3个地区分别是西藏自治区0件、新疆生产建设兵团14件和海南省16件。案件数量在20—300件的地区有11个，包括青海省、宁夏回族自治区、天津市、云南省、广西壮族自治区、吉林省、黑龙江省、贵州省、上海市、重庆市和新疆维吾尔自治区，其中既有经济发达的沿海地区（如上海市），也有经济相对不发达的中西部地区。案件数量在301—2 000件的地区有14个，分别是北京市、河北省、辽宁省、甘肃省、四川省、湖南省、内蒙古自治区、江西省、山西省、湖北省、陕西省、山东省、河南省和安徽省。而案件总数排名靠前的4个地区分别是福建省2 026件、江苏省2 209件、广东省2 744件和浙江省2 799件，这四个均为沿海经济发达的地区。

如图1-6所示，2016年全国范围内32个地区适用五种措施的案件数量大体上呈现从东部往西部、从沿海地区往内陆地区逐渐递减的态势。

从全国32个地区各自的案件数量角度分析，除浙江省、湖南省、西藏自治区、宁夏回族自治区和新疆生产建设兵团2016年的案件数量较2015年有所下降外，其余地区较2015年均呈现出上升趋势。案件增长1 000件以上的有4个地区，分别是：江苏省1 803件；安徽省1 472件；福建省1 248件；广东省1 317件。2016年较2015年案件数同比增率最高的前五位地区分别是：新疆维吾尔自治区514.63%；江苏省444.09%；安徽省369.85%；上海市232.35%；四川省197.44%。而2016年案件数量较2015年有所降低的有浙江省、湖南省、西藏自治区、宁夏回族自治区和新疆生产建设兵团，降低幅度分别为4.44%、19.35%、100%、44.66%和54.84%。（详见图1-7）

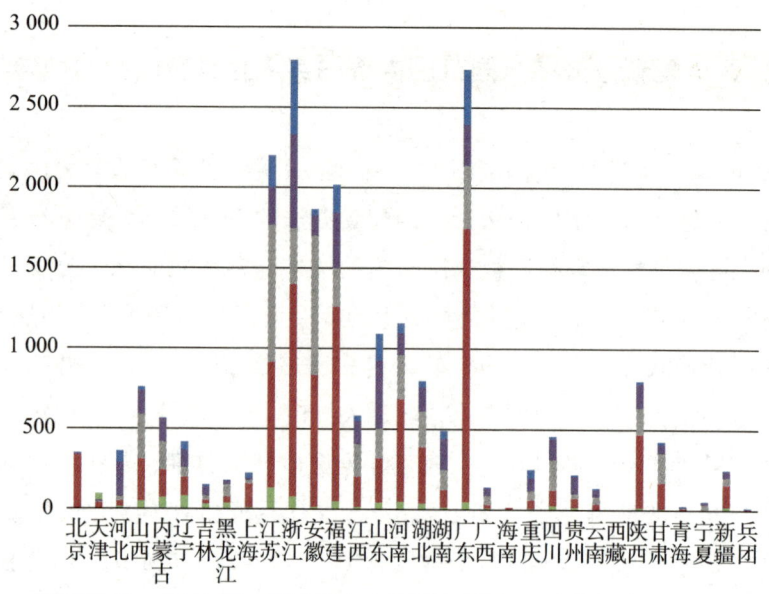

新《环境保护法》四个配套办法实施与适用评估报告（2015—2017年）

图 1-6 2016 年全国 32 个地区五类案件总数分布图

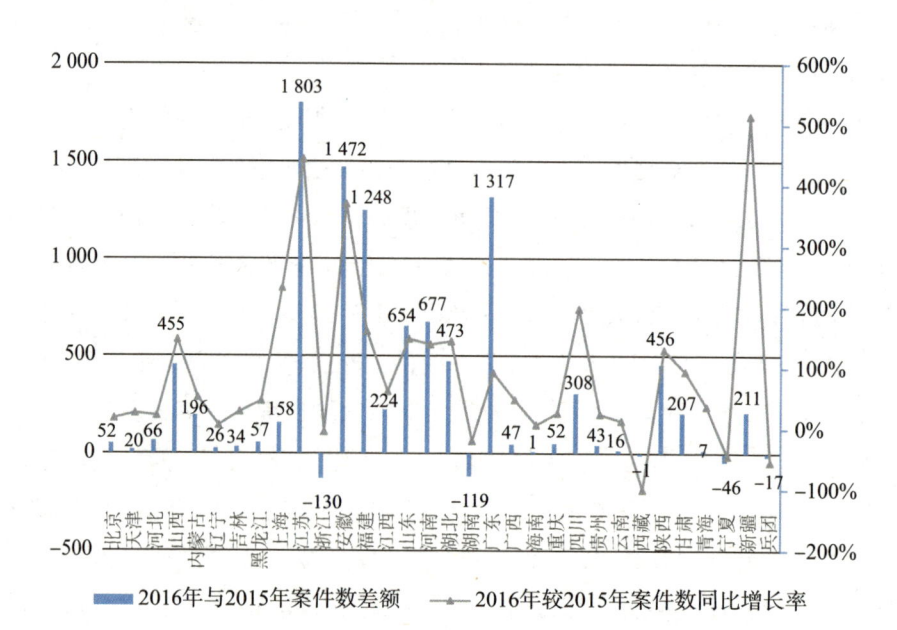

图 1-7 32 个地区 2016 年与 2015 年相比四个配套办法执行情况变化幅度图

一、2016年四个配套办法实施总体情况

(四) 环境执法信息公开情况较 2015 年有明显改善

2014年新环保法中规定了信息公开的内容，为了对信息公开条款群的内容进行落实，《按日连续处罚办法》第4条、《查封扣押办法》第7条和《限产停产办法》第4条中分别规定了有关信息公开的条款。信息公开是《环境保护法》，也是四个配套办法的重要制度，信息公开条款的执行情况也是四个配套办法实施与适用情况评估的重要考察指标。

1. 信息公开基本得到贯彻实施，但仍存在案件信息未及时公开的情形

本报告将"信息公开率"界定为各地上报数据中明确标明已经公开的案件数与该类案件总数的比例。[①] 根据对地方上报数据的统计，2016年，全国32个地区执行此三个配套办法的信息公开率为73.4%，各地区执行信息公开情况较2015年有所改善。另外，根据信息公开率，限产停产、查封扣押和按日连续处罚三类案件的信息公开率均低于80%，且限产停产案件信息公开率低于查封扣押案件和按日连续处罚案件信息公开率。（见图1-8）

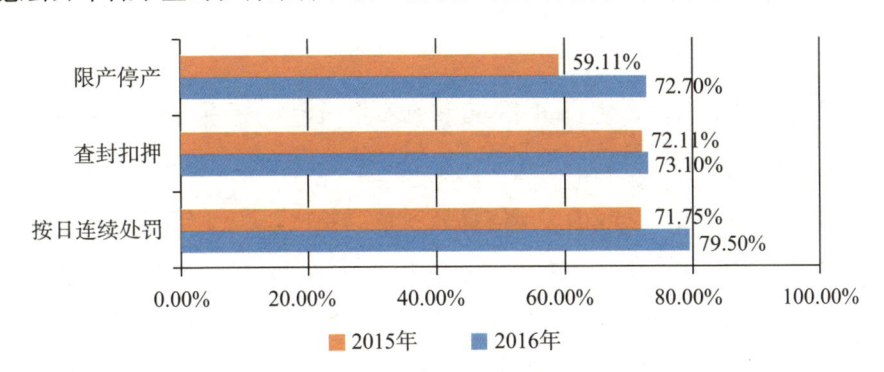

类别	2015年	2016年
限产停产	59.11%	72.70%
查封扣押	72.11%	73.10%
按日连续处罚	71.75%	79.50%

图 1-8　2015 年、2016 年三类案件信息公开率

---

① 但不排除各地填报后后续又公开案件信息的情形，鉴于本报告作为第三方开展的科研性评估，本研究报告统一以各地上报时填报的数据为准，进行统一横向比较和评估。特此说明。

新《环境保护法》四个配套办法实施与适用评估报告（2015—2017年）

结合2015年案件总数、信息公开案件数进行分析，可以总结2015—2016年全国32个地区三类案件的信息公开率。信息公开率在50%以上的共有26个地区，其中河南、北京、广西三地区的信息公开率在90%以上，尤其是河南省的信息公开率为98.54%，信息公开情况最优。新疆生产建设兵团、江西、上海、宁夏、青海地区的信息公开率均在50%以下，信息公开情况较差。（见图1-9）

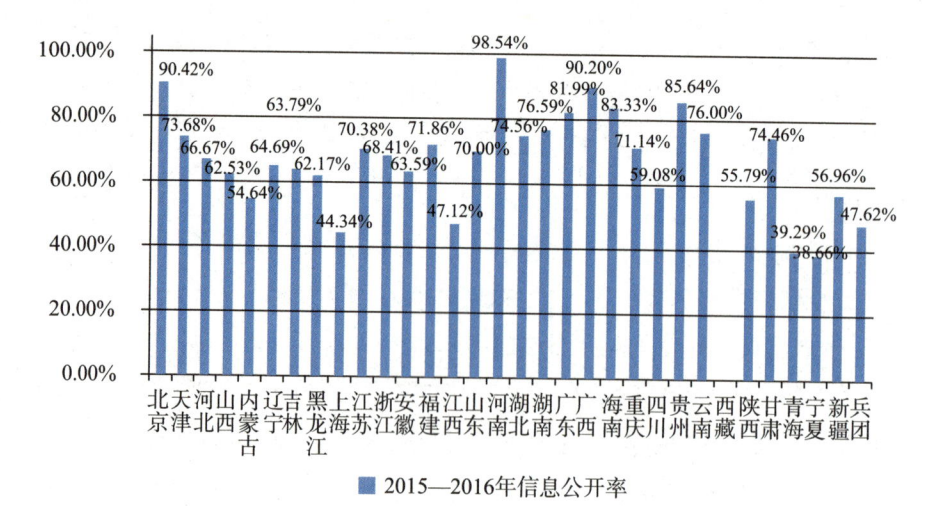

图1-9 2015—2016年三类案件信息公开率

2. 与2015年信息公开情况相比，2016年三类案件信息公开情况转好

由图1-8可见，与2015年信息公开情况相比，2016年三个配套办法的信息公开率均有提升，三类案件的信息公开情况开始转好。在三类案件中，限产停产类案件的信息公开率涨幅最大，2015年限产停产类案件信息公开率为59.11%，2016年此类案件的信息公开率为72.70%，信息公开率上涨13.59个百分点。查封扣押类案件，2016年信息公开率为73.10%，与2015年72.11%的信息公开率基本持平。按日连续处罚案件，2015年信息公开率为71.75%，2016年信息公开率为79.50%，上涨7.75个百分点。

但是2016年，在全国32个地区中，除西藏没有三类环境执法案件外，

一、2016年四个配套办法实施总体情况

其他31个地区三类案件信息公开执行情况有较大差异,信息公开率在50%以上的有28个地区,其中辽宁、河南、广西、海南、贵州的信息公开率高达90%以上,其中海南省三类案件的信息公开率为100%,信息公开情况最优;而上海、新疆生产建设兵团的信息公开率均低于40%,信息公开未依法执行到位。可见,三个配套办法中信息公开条款的实施仍然有待进一步加强。(见图1-10)

相较于2015年,2016年有9个地区信息公开率下降,其中山西的信息公开率由2015年的90.55%下降到50.50%,上海的信息公开率由2015年的75.76%下降到38.50%,两地区的信息公开率下降幅度较大。信息公开率增长的共有22个地区,其中辽宁、宁夏、黑龙江的信息公开率有较大幅度的增长,信息公开率增长数均在25%以上。河北、天津、河南等地区的信息公开率与2015年的信息公开率基本持平,波动较小。(见图1-10)

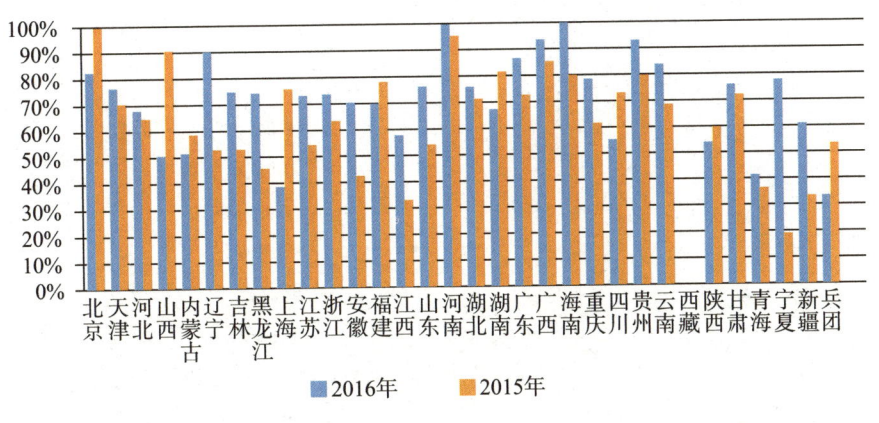

图1-10 2015年、2016年全国32个地区三类案件的信息公开率

3. 环境执法案件信息以网络公开为主,公开途径多样

各地上报数据显示,信息公开途径呈现出常规和灵活相结合的趋势,主要信息公开途径包括政府信息公开网站、环保局网站、社会网站、电视、报纸等。由图1-11可见,与2015年32个地区上报信息中提及的公开途径类似,各地区较为常用的方式是通过环保局网站或政府信息公开网站进行公开,其中通过环保局网站公开信息的案件数量占绝大多数。

65

新《环境保护法》四个配套办法实施与适用评估报告（2015—2017年）

在所有信息公开案件中有53.50%的案件虽然依法进行公开，但未明确填报公开途径。在可统计归类的案件中，43.60%的案件是通过网络进行公开的。环保行政机关通过网络对案件信息进行公开，便于公众在第一时间获取案件信息，较大程度和较高效地保障了公众的知情权和监督权。但通过电视、报纸等传统媒体进行信息公开的案件数仅占0.92%，其中，通过电视进行信息公开的案件数仅为19起，占公开案件总数的0.19%。尽管在互联网时代传统媒体的受众正在大幅减少，但仍有部分公众以传统媒体作为信息获取的主要方式，因而该信息公开途径仍应作为主要途径之一。

最后，占1.98%的案件是通过公告栏、微博、微信等方式进行信息公开的。其中，公告栏作为传统的信息公开方式，在公开信息上存在不足。因受其公开范围、公开时间等客观因素的影响，只有特定公众在特定时间和地点获取公开信息。因此，可以将公告栏公开方式与其他方式结合，并行使用，才能在现代社会具有更大的现实作用。

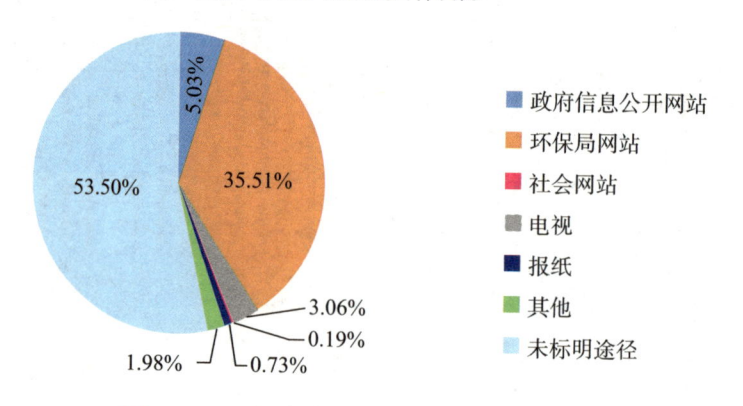

图1-11 2016年各类信息公开方式案件数占比

注："其他"包括政府公告栏、公告屏、微博、微信、简报等途径。

二、2016年四个配套办法适用与实施的特点

(一) 四个配套办法的适用集中于特定违法行为

总体而言，四个配套办法所规定的适用情形均在2016年的实践中得以应用，但从两年实施情况可以发现，各办法所规定的各种情形并非均衡得以适用，四个配套办法均呈现出某些情形适用的相对集中。

1. 《按日连续处罚办法》适用集中于超标、超总量排污的违法行为

《按日连续处罚办法》第二章适用范围规定了两种适用情形。其中，第5条明确规定了五种具体的适用情形。[①] 就2016年适用各法定情形的案件数量而言，适用最多的是5.1超标或超总量排污案件，共694件。次之则是5.5其他违法排放污染物行为案件，共136件。而"其他违法排放污染物行为"多表现为无排污许可证而排放污染物、无污染防治设施而排放污染物、直接排放污染物等违法行为。另外，依据《按日连续处罚办法》第6条[②]由

[①] 《按日连续处罚办法》第5条规定："排污者有下列行为之一，受到罚款处罚，被责令改正，拒不改正的，依法作出罚款处罚决定的环境保护主管部门可以实施按日连续处罚：（一）超过国家或者地方规定的污染物排放标准，或者超过重点污染物排放总量控制指标排放污染物的；（二）通过暗管、渗井、渗坑、灌注或者篡改、伪造监测数据，或者不正常运行防治污染设施等逃避监管的方式排放污染物的；（三）排放法律、法规规定禁止排放的污染物的；（四）违法倾倒危险废物的；（五）其他违法排放污染物行为。"课题研究中，分别将其记为5.1、5.2、5.3、5.4和5.5。（见图2-1）。

[②] 《按日连续处罚办法》第6条规定："地方性法规可以根据环境保护的实际需要，增加按日连续处罚的违法行为的种类。"

新《环境保护法》四个配套办法实施与适用评估报告（2015—2017年）

地方性法规增加规定的其他情形的案件数量，2016年适用较2015年增加8起，全国范围达到12起，但主要集中于福建与安徽两地。（见图2-1）

比较2016年与2015年，除适用5.2暗管排放、篡改伪造数据、不正常运行设施、逃避监管行为的案件数量稍有下降为83件外，其他四种适用情形的案件数量均呈上升趋势，其中，适用5.1超标或超总量排污案件数量增长最多，增加了120件。（见图2-1）

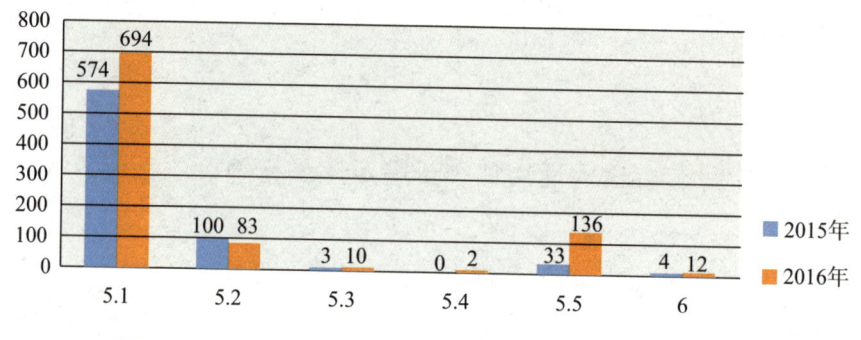

情形	2015年	2016年
5.1	574	694
5.2	100	83
5.3	3	10
5.4	0	2
5.5	33	136
6	4	12

图2-1 《按日连续处罚办法》规定的适用情形的实施情况[①]

2.《查封扣押办法》适用集中于"其他违法排污行为"

《查封扣押办法》第4条规定了六种适用查封扣押措施的情形。[②] 2016年，适用4.4"通过暗管、渗井、渗坑、灌注或者篡改、伪造监测数据，或者不正常运行防治污染设施等逃避监管的方式违反法律法规规定排放污染物的"和4.6"法律、法规规定的其他造成或者可能造成严重污染的违法排污行为"

[①] 由于各地区上报案件质量参差不齐，有些案件未写明"违法行为"与"适用情形"，此处仅对可以判断具体适用情形的案件进行分析统计，故本表中各条款适用情形总和不等于按日连续处罚案件总数。以下图2-2、图2-3、图2-4、图2-5、图2-6同理。

[②] 《查封扣押办法》第4条第1款规定："排污者有下列情形之一的，环境保护主管部门依法实施查封、扣押：（一）违法排放、倾倒或者处置含传染病病原体的废物、危险废物、含重金属污染物或者持久性有机污染物等有毒物质或者其他有害物质的；（二）在饮用水水源一级保护区、自然保护区核心区违反法律法规规定排放、倾倒、处置污染物的；（三）违反法律法规规定排放、倾倒化工、制药、石化、印染、电镀、造纸、制革等工业污泥的；（四）通过暗管、渗井、渗坑、灌注或者篡改、伪造监测数据，或者不正常运行防治污染设施等逃避监管的方式违反法律法规规定排放污染物的；（五）较大、重大和特别重大突发环境事件发生后，未按照要求执行停产、停排措施，继续违反法律法规规定排放污染物的；（六）法律、法规规定的其他造成或者可能造成严重污染的违法排污行为。"课题研究中，分别将其记为4.1、4.2、4.3、4.4、4.5和4.6。（见图2-2）

二、2016年四个配套办法适用与实施的特点

进行查封扣押的案件相对较多，分别为1 932件、5 205件；而案件数最少的是适用4.5"较大、重大和特别重大突发环境事件发生后，未按照要求执行停产、停排措施，继续违反法律法规规定排放污染物的"情形，为8件。

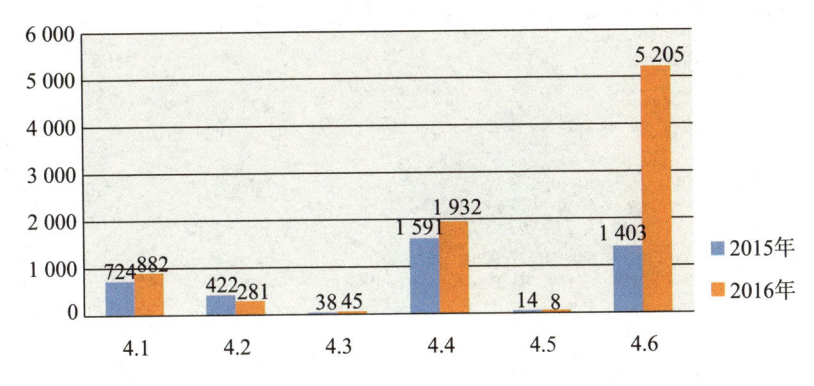

图2-2 《查封扣押办法》规定的适用情形的实施情况

比较2015年，2016年查封扣押领域的六种具体适用情形的案件数量，除适用4.2"在饮用水水源一级保护区、自然保护区核心区违反法律法规规定排放、倾倒、处置污染物的"案件数量下降了141件和适用4.5"较大、重大和特别重大突发环境事件发生后，未按照要求执行停产、停排措施，继续违反法律法规规定排放污染物的"案件数量下降了6件外，其余四种适用情形的案件数量均有所上升。其中，适用4.6"法律、法规规定的其他造成或者可能造成严重污染的违法排污行为的"案件数量增加最多，增量为3 802件。

比较可见，在查封扣押措施类案件中，有54%的案件适用了"其他"情形。具体而言，"其他"违法行为包括未进行环评审批、未批先建、无排污许可证排污、违反三同时、无污染防治设施、禁燃区使用高污染燃料的燃煤锅炉等行为。

3. 《限产停产办法》中适用"停产整治"类案件最多，且集中于"法律、法规规定的其他情形"

《限产停产办法》规定了三个不同层次的执法措施，即：限制生产、停产整治和停业关闭，三类措施的严厉程度依次逐步加严。就2016年全国而言，数量最多的是停产整治类案件，共2 782件；其次是限制生产案件，共

69

新《环境保护法》四个配套办法实施与适用评估报告（2015—2017 年）

1 376 件；而适用停业关闭措施的案件数量最少，共 201 件。相比 2015 年适用限产停产措施三种情形的案件数量，除停业关闭措施外，2016 年各类案件数量均有所上升，其中适用限制生产措施的案件数量上升 587 件，适用停产整治案件数量上升 766 件。但是，适用停业关闭措施案件数量却下降了 155 件。（详见图 2-3）

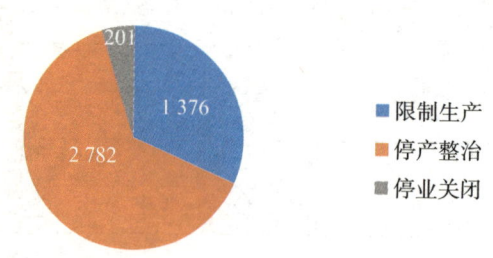

图 2-3　2016 年《限产停产办法》规定的三类措施适用情况

具体而言，《限产停产办法》第 5 条规定了限制生产的两种适用情形，即"排污者超过污染物排放标准"（图 2-4 中标为 5.1）和"超过重点污染物日最高允许排放总量控制指标"（图 2-4 中标为 5.2）。[①] 从数量上分析，与 2015 年适用情况相类似，违法企业因为"超过污染物排放标准"而被处以限制生产的案件数为 1 159 件，远远超过了适用"超过重点污染物日最高允许排放总量控制指标"情形的案件数量。2016 年适用"超过重点污染物日最高允许排放总量控制指标"情形的案件仅 6 件，仅占限产停产类案件总数的 0.062%。

《限产停产办法》第 6 条规定了六种适用停产整治措施的情形。[②] 其中，适用 6.6 "法律、法规规定的其他情形"的案件数量最多，共 1 701 件；其次

[①]　就《限产停产办法》第 5 条规定的两种适用情形，课题研究中分别将"排污者超过污染物排放标准"和"超过重点污染物日最高允许排放总量控制指标"记为 5.1 和 5.2。（见图 2-4）

[②]　《限产停产办法》第 6 条规定："排污者有下列情形之一的，环境保护主管部门可以责令其采取停产整治措施：（一）通过暗管、渗井、渗坑、灌注或者篡改、伪造监测数据，或者不正常运行防治污染设施等逃避监管的方式排放污染物，超过污染物排放标准的；（二）非法排放含重金属、持久性有机污染物等严重危害环境、损害人体健康的污染物超过污染物排放标准三倍以上的；（三）超过重点污染物排放总量年度控制指标排放污染物的；（四）被责令限制生产后仍然超过污染物排放标准排放污染物的；（五）因突发事件造成污染物排放超过标准或者重点污染物排放总量控制指标的；（六）法律、法规规定的其他情形。"课题研究中，将这六种适用情形依次记为 6.1、6.2、6.3、6.4、6.5、6.6。（见图 2-4）

二、2016年四个配套办法适用与实施的特点

是适用6.1以逃避监管的方式超标排放污染物的案件数,共615件。而相较于2015年,适用6.3"超过重点污染物排放总量年度控制指标排放污染物的"案件数量大幅下降263件,2016年仅有59件。同时,适用情形6.4"被责令限制生产后仍然超过污染物排放标准排放污染物的"和6.5"因突发事件造成污染物排放超过排放标准或者重点污染物排放总量控制指标的"案件数量依旧较少,为52件和23件。而适用6.6"法律、法规规定的其他情形"的案件中,以未环评、未批先建、超标排污、无防污措施、无证排污等行为为主。

《限产停产办法》第8条规定了适用停业、关闭措施的四种情形。① 与2015年适用情况有所不同,适用8.4"法律法规规定的其他严重环境违法情节"的案件数最多,共118件;而适用8.2"被责令停产整治后拒不停产或者擅自恢复生产的"的案件数量则大大下降,仅为22件。同时,2016年仍然基本没有适用8.3"停产整治决定解除后,跟踪检查发现又实施同一违法行为的"案件,也没有适用8.1"两年内因排放含重金属、持久性有机污染物等有毒物质超过污染物排放标准受过两次以上行政处罚,又实施前列行为的"案件。(见图2-4)

4. 移送行政拘留案件中,以逃避监管方式违法排污的行为居多

新《环境保护法》第63条②规定了移送行政拘留的四种情形,就2016

---

① 《限产停产办法》第8条规定:"排污者有下列情形之一的,由环境保护主管部门报经有批准权的人民政府责令停业、关闭:(一)两年内因排放含重金属、持久性有机污染物等有毒物质超过污染物排放标准受过两次以上行政处罚,又实施前列行为的;(二)被责令停产整治后拒不停产或者擅自恢复生产的;(三)停产整治决定解除后,跟踪检查发现又实施同一违法行为的;(四)法律法规规定的其他严重环境违法情节的。"课题研究中,将这六种适用情形依次记为8.1、8.2、8.3、8.4。(见图2-4)

② 《环境保护法》第63条规定:"企业事业单位和其他生产经营者有下列行为之一,尚不构成犯罪的,除依照有关法律法规规定予以处罚外,由县级以上人民政府环境保护主管部门或者其他有关部门将案件移送公安机关,对其直接负责的主管人员和其他直接责任人员,处十日以上十五日以下拘留;情节较轻的,处五日以上十日以下拘留:(一)建设项目未依法进行环境影响评价,被责令停止建设,拒不执行的;(二)违反法律规定,未取得排污许可证排放污染物,被责令停止排污,拒不执行的;(三)通过暗管、渗井、渗坑、灌注或者篡改、伪造监测数据,或者不正常运行防治污染设施等逃避监管的方式违法排放污染物的;(四)生产、使用国家明令禁止生产、使用的农药,被责令改正,拒不改正的。"课题研究中,将这六种适用情形依次记为63.1、63.2、63.3、63.4(见图2-5)。另外,由于63.4是由农业部门管理与统计,在本报告中不予考虑。

新《环境保护法》四个配套办法实施与适用评估报告（2015—2017年）

年全国适用而言，63.3 以逃避监管的方式违法排放污染物的行为在实践中最为常见，共移送行政拘留 2 564 起；其次为 63.2 无证排污被责令停止拒不改正行为，共移送行政拘留 547 起；最少为 63.1 未批排污被责令停止拒不改正行为，共移送行政拘留 368 起。与 2015 年相比，2016 年三类移送行政拘留行为的案件数量均有所上升，其中适用 63.3 以逃避监管的方式违法排放污染物的行为占所有案件数量比例也大幅上升。（见图 2-5）

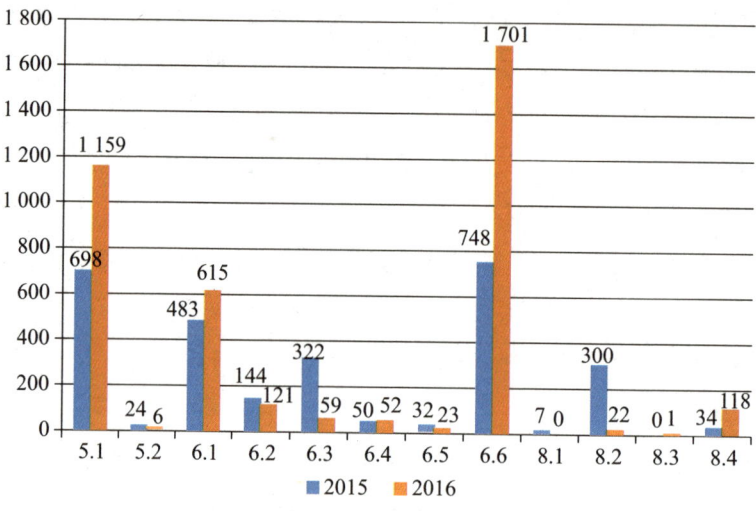

图 2-4 《限产停产办法》适用情况

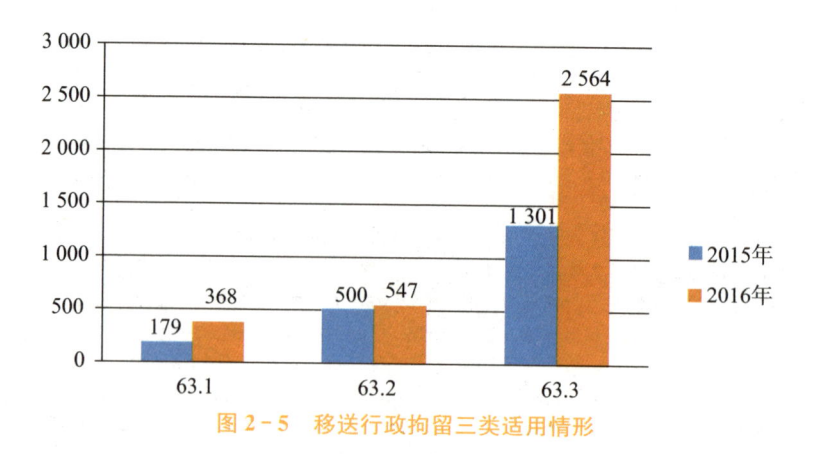

图 2-5 移送行政拘留三类适用情形

二、2016年四个配套办法适用与实施的特点

具体而言,《移送行政拘留办法》第5条、第6条、第7条①是对新《环境保护法》第63.3条的细化,具体规定了以逃避监管方式违法排污行为适用行政拘留的14种情形。由图2-6可见,2016年适用《移送行政拘留办法》第

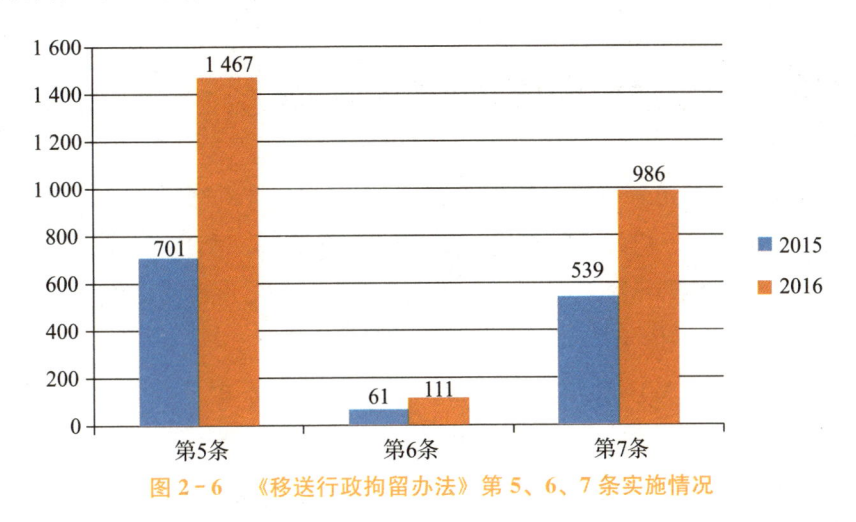

图2-6 《移送行政拘留办法》第5、6、7条实施情况

条款	2015	2016
第5条	701	1467
第6条	61	111
第7条	539	986

---

① 《移送行政拘留办法》第5条规定:"《环境保护法》第六十三条第三项规定的通过暗管、渗井、渗坑、灌注等逃避监管的方式违法排放污染物,是指通过暗管、渗井、渗坑、灌注等不经法定排放口排放污染物等逃避监管的方式违法排放污染物;暗管是指通过隐蔽的方式达到规避监管目的而设置的排污管道,包括埋入地下的水泥管、瓷管、塑料管等,以及地上的临时排污管道;渗井、渗坑是指无防渗漏措施或起不到防渗作用的、封闭或半封闭的坑、池、塘、井和沟、渠等;灌注是指通过高压深井向地下排放污染物。"

第6条规定:"《环境保护法》第六十三条第三项规定的通过篡改、伪造监测数据等逃避监管的方式违法排放污染物,是指篡改、伪造用于监控、监测污染物排放的手工及自动监测仪器设备的监测数据,包括以下情形:(一)违反国家规定,对污染源监控系统进行删除、修改、增加、干扰,或者对污染源监控系统中存储、处理、传输的数据和应用程序进行删除、修改、增加,造成污染源监控系统不能正常运行的;(二)破坏、损毁监测仪器站房、通讯线路、信息采集传输设备、视频设备、电力设备、空调、风机、采样泵及其他监控设施的,以及破坏、损毁监测设施采样管线,破坏、损毁监控仪器、仪表的;(三)稀释排放的污染物故意干扰监测数据的;(四)其他致使监测、监控设施不能正常运行的情形。"

第7条规定:"《环境保护法》第六十三条第三项规定的通过不正常运行防治污染设施等逃避监管的方式违法排放污染物,包括以下情形:(一)将部分或全部污染物不经过处理设施,直接排放的;(二)非紧急情况下开启污染物处理设施的应急排放阀门,将部分或者全部污染物直接排放的;(三)将未经处理的污染物从污染物处理设施的中间工序引出直接排放的;(四)在生产经营或者作业过程中,停止运行污染物处理设施的;(五)违反操作规程使用污染物处理设施,致使处理设施不能正常发挥处理作用的;(六)污染物处理设施发生故障后,排污单位不及时或者不按规程进行检查和维修,致使处理设施不能正常发挥处理作用的;(七)其他不正常运行污染防治设施的情形。"

5、6、7条规定的情形的案件占比结构与2015年的相似,最为常见的均为第5条规定的通过暗管、渗井、渗坑、灌注等逃避监管的方式违法排污情形,而篡改、伪造监测数据等逃避监管的方式违法排污情形相对最少。

(二) 四个配套办法适用的地域性特征凸显

2016年全国范围内四个配套办法的适用呈地域性特征。除案件数量大体由东向西递减外,就实际执行的主体的层级而言,适用四个配套办法的案件大部分由基层环保机构执行;比较京津冀、长三角和珠三角地区而言,四个配套办法适用覆盖范围不一。

1. 地市级与区县级环保机构普遍适用四个配套办法,仅有少量区县尚未执行

2016年全国31个省、直辖市、自治区的地市级环保机构,除了西藏之外,均有适用《环境保护法》配套办法的案件。由图2-7可见,四个配套办法的实施集中于基层环保机构。

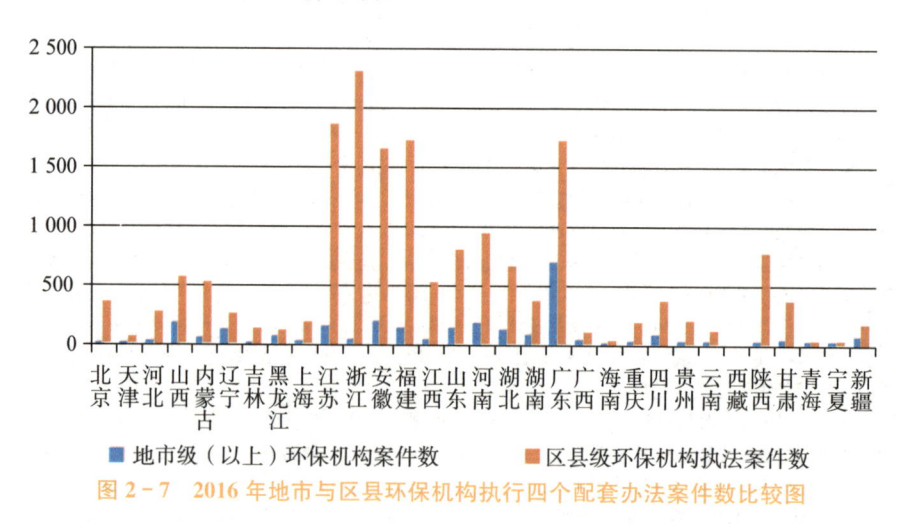

图2-7 2016年地市与区县环保机构执行四个配套办法案件数比较图

具体而言,北京、天津、陕西、上海、江苏、重庆六地区行政区域内所有地市级(以上)环保机构均实施了《环境保护法》配套办法。而河北

二、2016年四个配套办法适用与实施的特点

地区有7个地市级环保机构未实施配套办法,分别为石家庄市、秦皇岛市、邯郸市、张家口市、承德市、沧州市、廊坊市。海南省仅三亚市环保机构有案件,海口市、三沙市市级(以上)机构没有适用四个配套办法的案件;青海省的8个地级市中,其中仅3个地级市环保机构有案件,其余5个没有适用四个配套办法的案件;而甘肃的14个地级市中,也仅有6个地级市环保机构有执行四个配套办法的案件。

全国31个地区的区、县级环保机构执行四个配套办法的情况也不一。以区县执行四个配套办法的覆盖率①分析,除西藏全区没有案件外,其他30个地区均有区(县)级环保机构执行四个配套办法。具体而言,全国31个地区的县、区级覆盖率达60%的省、自治区、直辖市为16个,分别是北京、内蒙古、吉林、上海、江苏、浙江、安徽、福建、江西、山东、湖北、湖南、广东、重庆、云南、陕西。其中,江苏、安徽、福建、重庆的区、县覆盖率达到了90%以上。福建省区、县执行配套办法覆盖率最高,为98%,在福建省86个区、县中,仅有台江区、平潭县没有执行四个配套办法的案件。海南省执行四个配套办法覆盖率仅4%,海南省24个区、县中,仅澄迈县执行了四个配套办法,其他区、县均未执行。(详见图2-8)

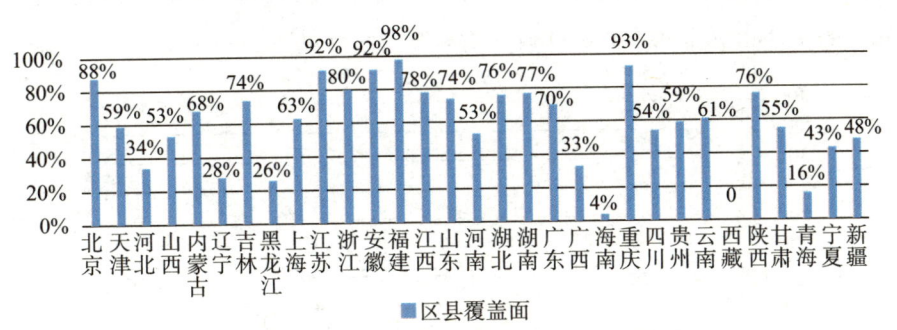

图2-8 全国31个地区执行四配套办法的覆盖情况

2. 我国三大区域中长三角地区执法案件最多

京津冀地区、长三角地区和珠三角地区(以下简称"三大地区")是

---

① 区县执行四个配套办法的覆盖率=每个地区有案件区县的个数/每个地区区县的个数。

新《环境保护法》四个配套办法实施与适用评估报告（2015—2017年）

我国重要的政治和经济城市群。以按日连续处罚、查封扣押、限产停产、移送行政拘留、涉嫌犯罪移送公安五类案件为分析对象，三大地区案件总数达7 719件，占全国范围内案件总量的35%。横向比较可见，长三角地区的案件数量居三大区域首位。

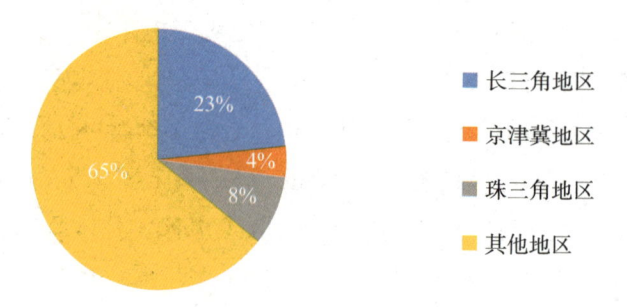

图2-9 2016年我国三大区域五类案件总数占比情况

具体而言，京津冀地区的城市群分布包括北京市、天津市、河北省（11市），共13个城市。除了北京市的案件数量为349件之外，其余12个城市的案件数量均不超过100件。其中，案件数量相对较少的是河北省的张家口市和承德市，案件数量分别为7件和1件。而案件数量在30件以下的城市还有3个，分别是衡水市14件、秦皇岛市17件和邯郸市24件。廊坊市、石家庄市和沧州市的案件数量均为38件。（见图2-10）

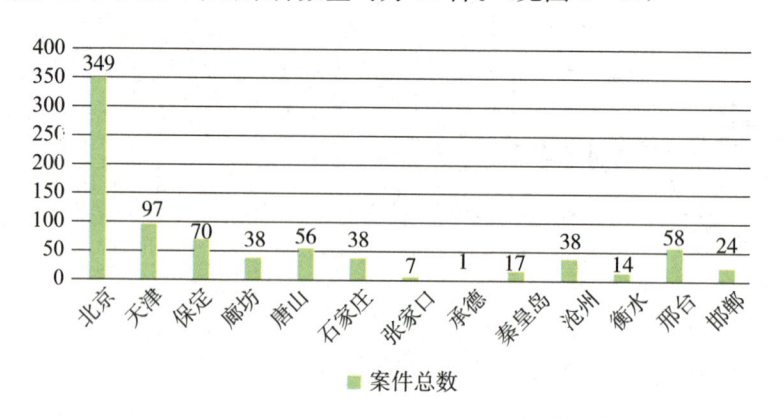

图2-10 京津冀城市群五类案件数量

长三角地区的城市群分布在上海市、江苏省、浙江省和安徽省，共26

二、2016年四个配套办法适用与实施的特点

个城市。长三角地区城市案件数量超过100件的城市共16个,其中,案件数量较多的5个城市分别是台州市(709件)、绍兴市(457件)、常州市(445件)、金华市(443件)和苏州市(357件)。抚州市案件数量最少,为0件。其余5类案件数量相对较少的城市是舟山市14件、马鞍山市41件、铜陵市43件以及扬州市和镇江市均为44件。(见图2-11)

图2-11 长三角地区五类案件数量

珠三角地区的城市群集中在广东省,共14个城市,案件数量分布具有两极分化的特征。案件数量超过100件的城市有6个,分别是广州市534件、东莞市366件、云浮市228件、中山市138件、江门市128件和深圳市115件。而案件数量较少的城市是:河源市(7件)、清远市(12件)、珠海市(13件)、汕尾市(33件)和阳江市(45件)。(见图2-12)

图2-12 珠三角地区五类案件数量

(三) 大气、水污染违法案件占比较大

课题组尝试对 2016 年全部上报的案件按环境要素进行分类研究，但能够判明案件所涉主要环境要素种类的仅 12 024 件。本部分以上述 12 024 件案件为研究对象，对案件涉及环境要素进行分析。统计的环境要素种类包括大气、水、固废（包含危险废物和固体废物）、噪声和其他。其他类的环境要素指重金属、放射性物质、有毒物质。

涉及大气和水的案件数量占所有可统计环境要素案件的 91.9%，分别有 4 675 件和 6 380 件。噪声案件和固体废物案件数量居中，分别为 241 件和 638 件，涉及其他类型的环境要素为 90 件。在其他类型的案件中，涉及重金属污染的有 83 件。（见图 2 - 13）

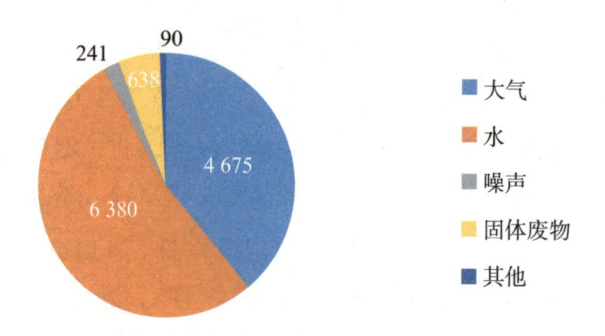

图 2 - 13　可统计环境要素案件数量

总体数据显示，水环境要素污染案件的数量较大气环境要素污染案件的数量多。就区分环境要素而言，除西藏自治区的两类环境要素案件数量均为 0 件以外，其他 31 个地区的两类案件数量相差较大。具体而言，涉及水环境要素的案件数量在 1—20 件之间的地区有 6 个；21—50 件之间的地区有 4 个；51—100 件之间的地区有 7 个；101—200 件之间的地区有 5 个；201—500 件之间的地区有 5 个；500 件以上的地区有 4 个。水环境要素污染案件多分布在沿海省份。水环境要素污染案件数量较多的 5 个地区分别是福建省（1 024 件）、江苏省（822 件）、浙江省（762 件）、广东省（738 件）、

二、2016年四个配套办法适用与实施的特点

安徽省（446年）。（见图2-14）

除西藏自治区和海南省的大气污染案件为0件以外，其余30个地区涉及大气环境要素的案件数量分布情况为：1—20件的地区有4个；21—50件的地区有5个；51—100件的地区有7个；100—200件的地区有7个；200—500件的地区有4个；500—688件的地区有3个。大气环境要素污染案件数量较多的5个地区分别是：安徽省（688件）、江苏省（564件）、河南省（517件）、广东省（470件）和山西省（280件）。（见图2-14）

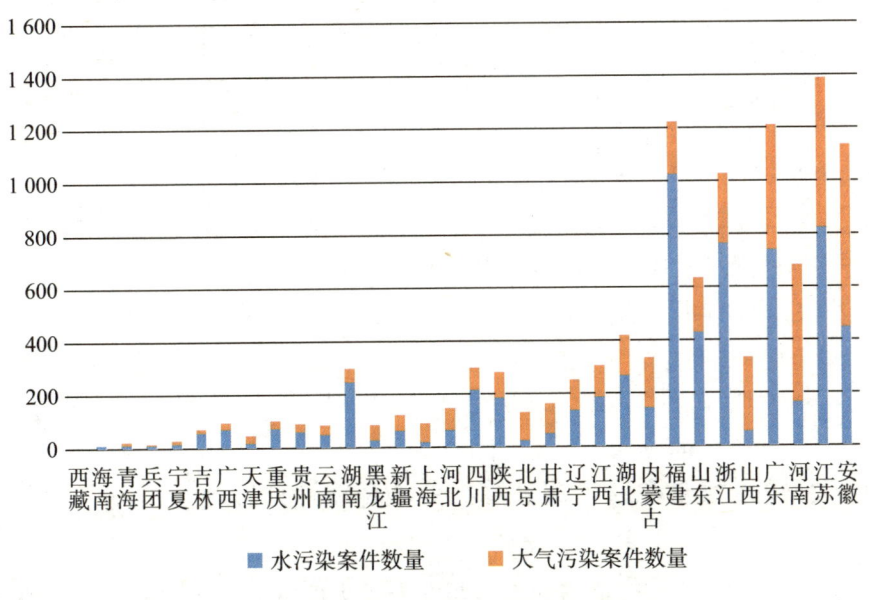

图2-14 32个地区水、大气环境要素案件分布

32个地区涉及水、大气环境要素案件占各地区案件总量的40%—65%。仅以案件所涉环境要素为判断依据，福建、湖南、广西、四川等地相对更侧重对水污染的环境违法案件进行重点打击，其涉及水环境要素的案件占各自地区案件总数比例均高于45%。其中，福建有50.5%的案件涉及水环境要素。（见图2-15）

新《环境保护法》四个配套办法实施与适用评估报告（2015—2017年）

而河南、安徽、陕西、新疆生产建设兵团等地相对更侧重对大气污染的环境违法案件进行重点整治，其涉及大气环境要素的案件占各自地区案件总数比例均高于35%。其中，河南有44.4%的案件涉及大气环境要素。（见图2-15）

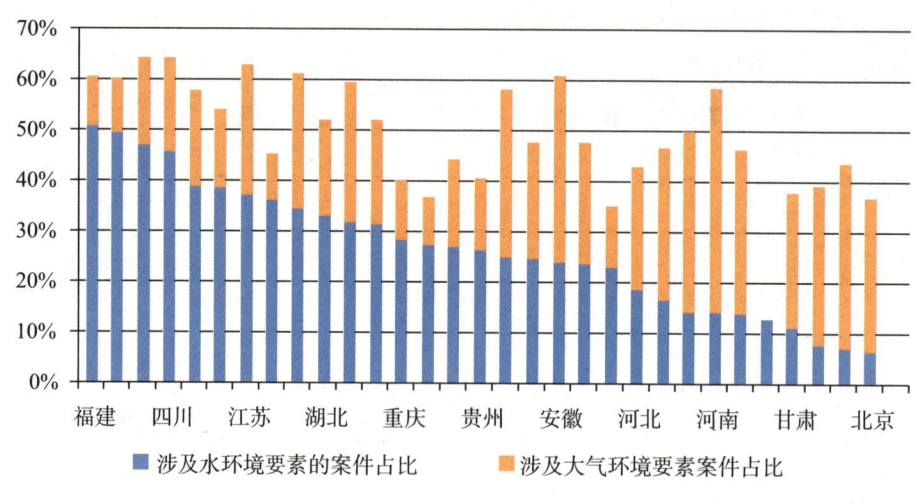

图2-15　32个地区水、大气案件占各地案件总数的比例图

（四）重点打击电镀、钢铁等行业的环境违法行为

为了了解四个配套措施的实施与配合中央的重点企业的整改和发展规划之间的关系，课题组尝试通过案件筛查的方法，对钢铁、石油、石化、电镀四类特殊的行业涉及四个配套措施适用的案件数量进行了分类统计分析。但所上报2016年全国执法数据中，可以统计行业信息的案件占比不到10%。在可统计行业信息的案件中，钢铁行业占8.5%、石油石化行业占2.8%、电镀行业占17.1%。特殊行业中的钢铁行业和电镀行业的案件相对占比排序靠前。（见图2-16）

80

二、2016年四个配套办法适用与实施的特点

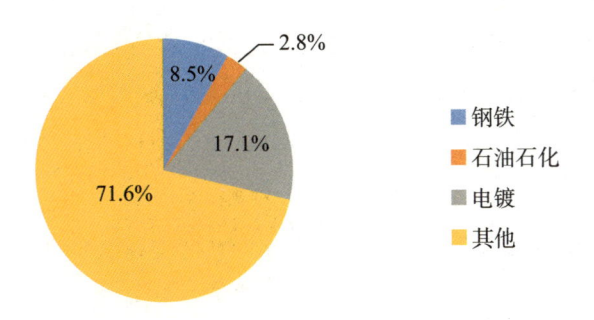

图2-16 可统计行业信息案件中特殊行业案件占比情况

（钢铁 8.5%，石油石化 2.8%，电镀 17.1%，其他 71.6%）

1. 对不同行业环境违法行为侧重依赖不同的执法措施

上述三类特殊行业的案件中，按日计罚类案件数量在三类特殊行业均适用最少；限产停产、移送行政拘留的案件数量在三类特殊行业中均呈现较为均衡的分布；而查封扣押、涉嫌犯罪移送公安机关但案件数量在这三类特殊行业中的分布和占比存在较大差异。仅比较上述三类特殊行业之间，电镀行业是查封扣押、涉嫌犯罪移送公安案件数量最大的，分别为135件和158件。

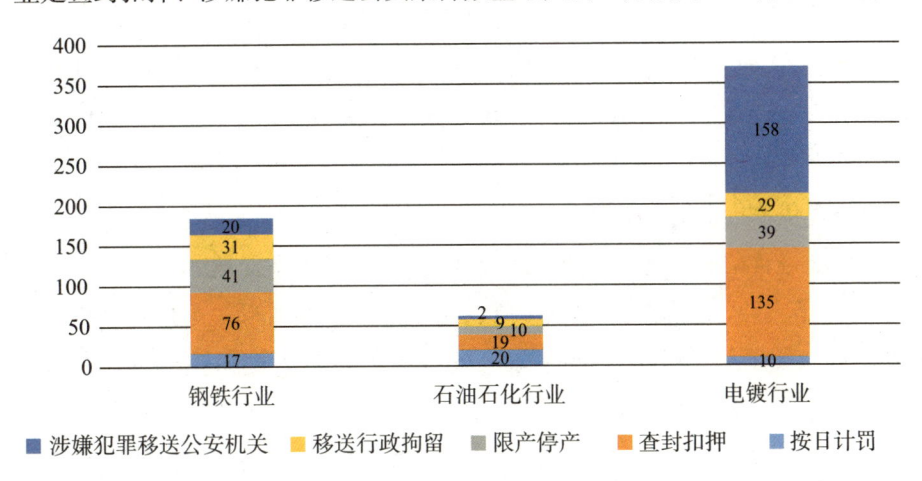

图2-17 三类特殊行业五种措施案件数量

钢铁行业：涉嫌犯罪移送公安机关20，移送行政拘留31，限产停产41，查封扣押76，按日计罚17。
石油石化行业：涉嫌犯罪移送公安机关2，移送行政拘留9，限产停产10，查封扣押19，按日计罚20。
电镀行业：涉嫌犯罪移送公安机关158，移送行政拘留29，限产停产39，查封扣押135，按日计罚10。

如图2-17所示，就钢铁企业本身而言，适用按日计罚的案件数量最少，为17件；其次为涉嫌犯罪移送公安机关的案件，数量为20件；查封扣押的案件数量最多，共76件。被处罚的石油石化企业适用五种措施的案件数量差异不大，涉嫌犯罪移送公安机关的案件数量最少，为2件；按日计罚

81

的案件数量最多,共20件。而被处罚的电镀企业适用五种措施的案件数量差别较大。具体而言,涉嫌犯罪移送公安机关的案件数量最多,为158件;其次是查封扣押的案件,为135件;按日计罚的案件数量最少,共10件。

2. 三类特殊行业的具体违法行为相对集中

据上报数据被判别为钢铁行业的185个案件中,被处以按日连续处罚的有17个案件,属于超标排放、超总量排放的情形最多,共有13件,占比76.47%;仅有1件属于暗管排放、篡改伪造数据、不正常运行设施、逃避监管的情形;其余3件都属于其他违法排放污染物的行为。被处以查封扣押的有76个案件,其中15.19%的案件属于违法排放、倾倒或者处置含传染病病原体的废物、危险废物、含重金属污染物或者持久性有机污染物等有毒物质或者其他有害物质的情形;26.58%的案件属于通过暗管、渗井、渗坑、灌注或者篡改、伪造监测数据,或者不正常运行防治污染设施等逃避监管的方式违反法律法规规定排放污染物的情形;属于法律、法规规定的其他造成或者可能造成严重污染的违法排污行为的案件最多,占比53.16%。被处以限产停产的有41个案件,以被处以停产整治的案件居多,共27件,其中有14件属于法律、法规规定的其他情形,占比51.85%。被处以移送行政拘留的有31个案件,其中送达责令停止排污决定书后,再次检查发现仍在排污的情形最多,共8件,占25.8%。

据上报数据被判别为石油石化行业的60个案件中,被处以按日连续处罚的20个案件,全部属于超标排放、超总量排放的情形。在被处以查封扣押的19个案件,3件属于违法排放、倾倒或者处置含传染病病原体的废物、危险废物、含重金属污染物或者持久性有机污染物等有毒物质或者其他有害物质的情形,占比15.79%;有5件属于通过暗管、渗井、渗坑、灌注或者篡改、伪造监测数据,或者不正常运行防治污染设施等逃避监管的方式违反法律法规规定排放污染物的情形,占比26.32%;属于法律、法规规定的其他造成或者可能造成严重污染的违法排污行为的案件最多,共10件,占比52.63%。被处以限产停产的10个案件中,被处以停产整治的案件居多,共6件,且都属于法律、法规规定的其他情形。被处以移送行政拘留的

二、2016年四个配套办法适用与实施的特点

9个案件中,属于暗管、渗井、渗坑、灌注等情形的居多,共有5件。

据上报数据被判别为电镀行业的371个案件中,被处以按日连续处罚的10个案件,全都属于超标排放、超总量排放的情形。在被处以查封扣押的135个案件中,23件属于违法排放、倾倒或者处置含传染病病原体的废物、危险废物、含重金属污染物或者持久性有机污染物等有毒物质或者其他有害物质的情形,占比17.04%;33件属于通过暗管、渗井、渗坑、灌注或者篡改、伪造监测数据,或者不正常运行防治污染设施等逃避监管的方式违反法律法规规定排放污染物的情形,占比24.44%;属于法律、法规规定的其他造成或者可能造成严重污染的违法排污行为的案件最多,共67件,占比49.63%。被处以限产停产的39个案件中,被处以限制生产的案件居多,共25件,其中17件属于超过污染物排放标准的情形。被处以移送行政拘留的29个案件中,将部分或全部污染物不经过处理设施,直接排放的情形最多,共7件,占比24.14%。

3.钢铁行业环境违法行为的地域分布具有一定集中性

就钢铁行业而言,有9个省份的钢铁行业案件数量为0,分别是辽宁省、安徽省、福建省、湖南省、海南省、西藏自治区、甘肃省、青海省和宁夏回族自治区,其余23个地区(新疆生产建设兵团的案件单独统计)的钢铁行业案件超过10件的地区分别为陕西省15件、浙江省41件和江苏省57件。其余20个地区的钢铁行业案件数量均少于9件,其中,钢铁行业案件数量为1件的地区有4个,分别是湖北省、四川省、天津市和新疆生产建设兵团。

但从钢铁行业案件占23个地区全年案件数量的比重来分析,占比在1%以下的省份有9个;占比在1%—2%之间的地区有9个;占比在2%—3%之间的有3个;占比最高的两个地区分别是新疆维吾尔自治区的3.17%和新疆生产建设兵团的7.14%(见图2-18)。分析钢铁行业案件在32个地区案件数的占比可见,钢铁行业环境违法行为多集中于西部地区。

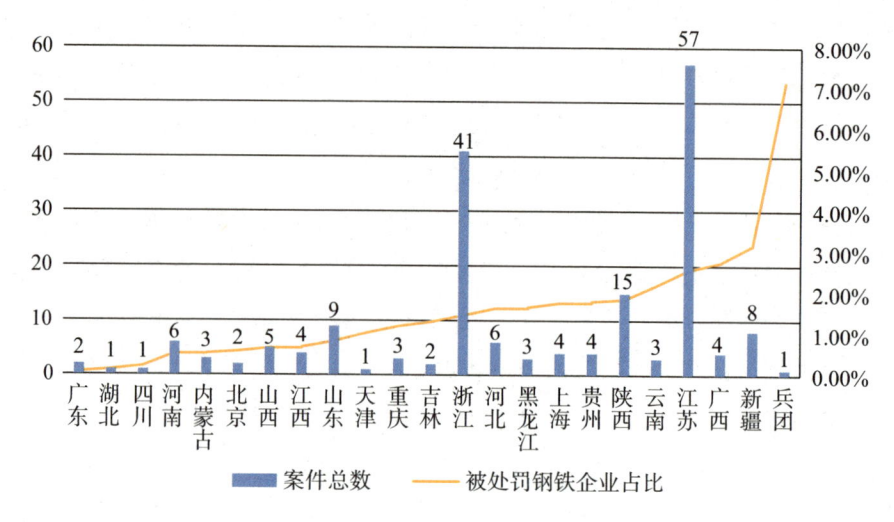

新《环境保护法》四个配套办法实施与适用评估报告（2015—2017 年）

图 2-18　23 个地区案件总数及被处罚钢铁企业的占比情况

4. 石油石化行业环境违法行为的地域分布具有集中性

全国 32 个地区中，有 17 个地区的石油石化行业案件数量为 0，分别是北京市、天津市、河北省、山西省、湖北省、广西壮族自治区、海南省、重庆市、贵州省、云南省、西藏自治区、甘肃省、青海省、江西省、宁夏回族自治区、新疆维吾尔自治区和新疆生产建设兵团（单独统计），其余 15 个地区的石油石化行业案件超过 10 件的省份为辽宁省 12 件。其余 14 个地区的石油石化行业案件数量均不超过 8 件，其中，石油石化行业案件数量为 1 件的地区有 5 个，分别是内蒙古自治区、安徽省、河南省、湖南省和广东省。

但从石油石化行业案件占 15 个地区全年案件数量的比重来分析，占比在 1% 以下的省份有 11 个；占比在 1%—2% 的省份有 2 个；占比在 2%—3% 的有 2 个，分别是辽宁省的 2.84% 和黑龙江省的 3.33%。分析石油石化行业案件数在 32 个地区案件数占比可见，石油石化行业环境违法行为多集中于东三省地区。（见图 2-19）

二、2016年四个配套办法适用与实施的特点

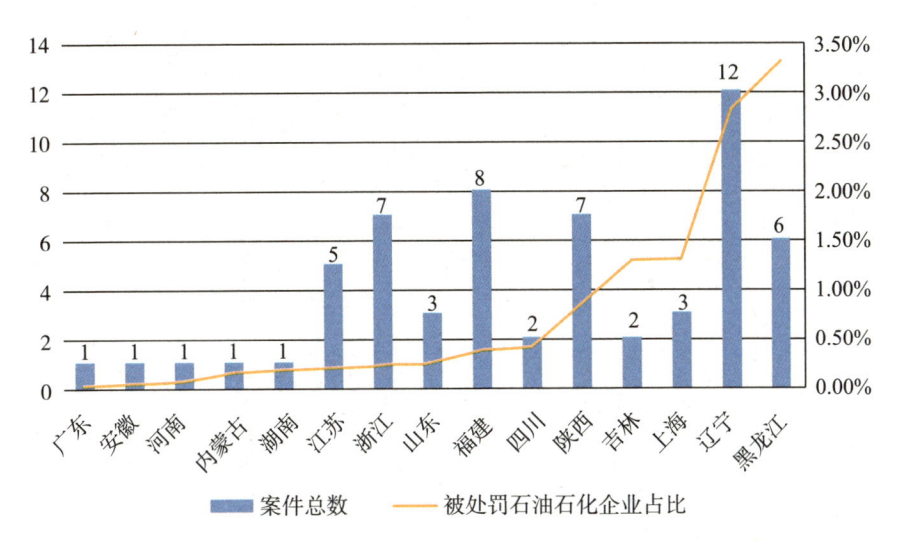

图 2-19　15个地区案件总数及被处罚石油石化企业的占比情况

5. 电镀行业环境违法行为相对集中于东部沿海经济发达地区

全国32个地区中，有13个地区的电镀行业案件数量为0，分别是北京市、山西省、内蒙古自治区、吉林省、黑龙江省、海南省、贵州省、云南省、西藏自治区、青海省、宁夏回族自治区、新疆维吾尔族自治区和新疆生产建设兵团（单独统计），其余19个地区的电镀行业案件超过10件的地区有8个，电镀行业案件数量较多的5个地区及其案件数量情况是：广东省112件、江苏省70件、浙江省49件、福建省29件和山东省26件。其余11个地区的电镀行业案件数量均不超过6件，其中，电镀行业案件数量为1件的地区是广西壮族自治区和重庆市。

但是从电镀行业案件占19个地区全年案件数量的比重来分析，占比在1%以下的省份有8个；占比在1%—2%的省份有6个；占比在2%—4%的有3个；电镀行业案件数量较总的案件数量占比最大的两个地区及占比情况分别是：广东省的4.08%和天津市的5.15%（详见图2-20）。由此可见，电镀行业环境违法行为集中于经济发达的东部沿海地区。

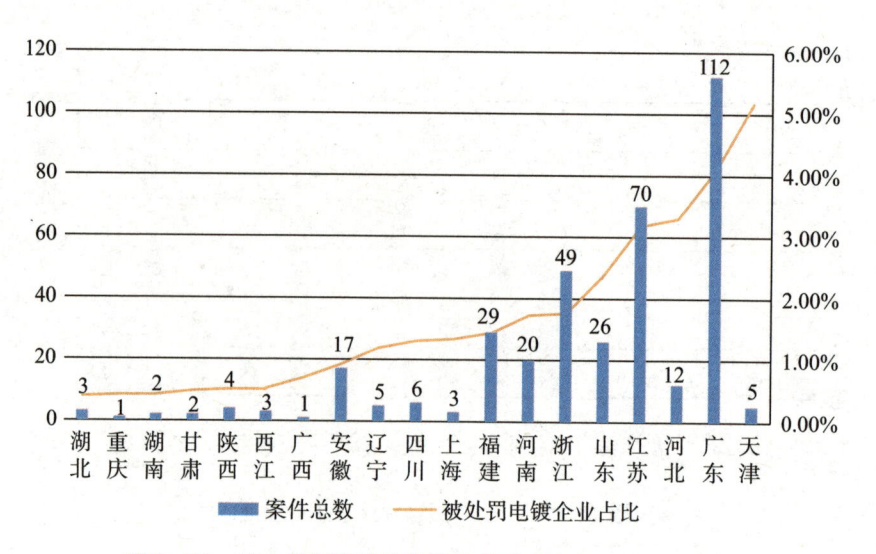

图 2-20 19个地区案件总数及被处罚电镀企业的占比情况

三、2016年四个配套办法适用与实施的效果

(一) 环境违法行为反弹率整体较低,四个配套办法的实施取得初步成效

1. 违法反弹率较2015年略有反升,执法效果有待进一步加强

本报告所称"违法反弹率",指某一地区违法企业被处以按日连续处罚、查封扣押、限产停产、移送行政拘留某一种处罚后,再次被处以行政处罚或被采取行政强制措施的比例。违法反弹率直接反映某一地区内排污企业守法情况和环境行政执法效果。课题组将此次评估的违法反弹率设定为反弹违法企业数除以违法企业总数乘以百分之百,即反弹率=反弹违法企业数/违法企业总数×100%。以按日连续处罚为例,按日连续处罚的反弹率等于被处以按日连续处罚,解除后又被处以行政处罚或被采取强制措施的企业数除以被处以按日连续处罚的企业总数乘以百分之百。

据统计,2016年全国32个地区依据四个配套办法被处罚(强制)的企业总数为19 050家,较2015年被处罚(强制)的10 299家企业数增加了85%,而被重复处罚(强制)的企业总数为547,较2015年的265家企业增加了1.06倍。由此可见,全国范围内企业违法反弹率较低,仅为2.857%,但较2015年2.57%的反弹率略有上升(见图3-1)。被按日连续处罚的企业违法反弹率有较大程度的下降,可见按日连续处罚措施已开

新《环境保护法》四个配套办法实施与适用评估报告（2015—2017年）

始发挥威慑环境违法者、预防环境违法行为的作用。被限产停产、移送行政拘留的企业违法反弹率也有所下降，这两种措施也持续发挥其威慑与惩治环境违法行为的作用。而被查封扣押的企业违法反弹率略有上升，这与2016年查封扣押案件总数大幅增加，查封扣押措施进一步得以适用有关。

图3-1　2015年与2016年企业违法反弹率比较图

具体而言，2016年，山西、内蒙古、吉林、黑龙江、上海、江苏、浙江、福建、江西、湖北、湖南、甘肃、四川、陕西、北京15个地区企业违法反弹率比2015年有所增长，且山西、陕西、四川、江苏、上海、浙江反弹率增加约2%。其余17个地区反弹率均有所下降，其中天津、辽宁、河南、重庆、云南、宁夏、新疆生产建设兵团六地下降幅度相对较大。（见图3-2）

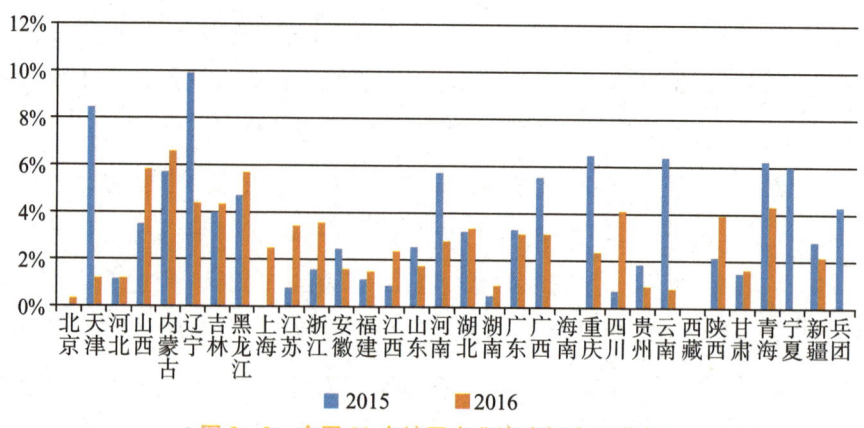

图3-2　全国32个地区企业违法行为反弹率

88

三、2016 年四个配套办法适用与实施的效果

2. 总体反弹率较高的地区案件数量却相对较少，执法有待加强

2016 年，全国 32 个地区企业违法反弹率均低于 7%，且有 29 个地区反弹率低于 5%，其中，海南、西藏、宁夏回族自治区、新疆生产建设兵团四个地区的反弹率为 0。内蒙古自治区反弹率相对最高，为 6.60%；其次是山西省，为 5.80%（见图 3-3）。可见，在全国范围内，整体而言企业违法反弹率相对较低，四个配套办法的实施发挥了打击环境违法行为、威慑排污者再犯的作用，取得了初步成效。

结合 2016 年 32 个地区执行四个配套办法的案件总数进行分析，反弹率相对较高（4% 以上）的地区，如内蒙古、黑龙江、山西、辽宁、吉林、四川、青海，其执行四个配套办法的案件总数却比其他地区的更低，即除山西 739 件、内蒙古 566 件外，其余地区的执行四个配套办法案件年度总数均低于 500 件。据此，课题组建议上述企业违法反弹率较高且案件数较低的地区，未来须重点研究如何提升环境执法的数量和实现遏制反复违法行为的效果。

图 3-3 2016 年全国 32 个地区总体反弹率和四类案件总数情况

3. 不同环境执法措施威慑力度不一，移送行政拘留措施反弹率最低

就四种处罚方式而言，按日连续处罚的反弹率最高，为9.81%；查封扣押、限产停产、移送行政拘留的反弹率分别为1.64%、3.50%、1.49%（见图3-1）。四种处罚方式的反弹率均低于10%，说明按日连续处罚等四种处罚方式可以有效打击环境违法行为，达到惩治违法企业、威慑排污者的效果。

就各地区比较而言，按日连续处罚措施反弹率较高的三个地区为内蒙古自治区、黑龙江省、河南省，反弹率分别为48.39%、24.14%、23.53%。查封扣押措施反弹率较高的三个地区为内蒙古自治区、四川省、陕西省，反弹率分别为6.74%、5.77%、5.10%。限产停产措施反弹率较高的三个地区为上海市、山西省、广东省，反弹率分别为11.11%、7.58%、6.7%。移送行政拘留处罚措施反弹率较高的三个地区为广东省、重庆市、山西省，反弹率分别为6.37%、3.75%、2.78%。在四种处罚方式的反弹率排序中，山西省、内蒙古自治区和广东省各有两种处罚措施的反弹率位居"前三甲"。上述数据说明，上述三个省份的行政处罚措施的威慑力有待加强。

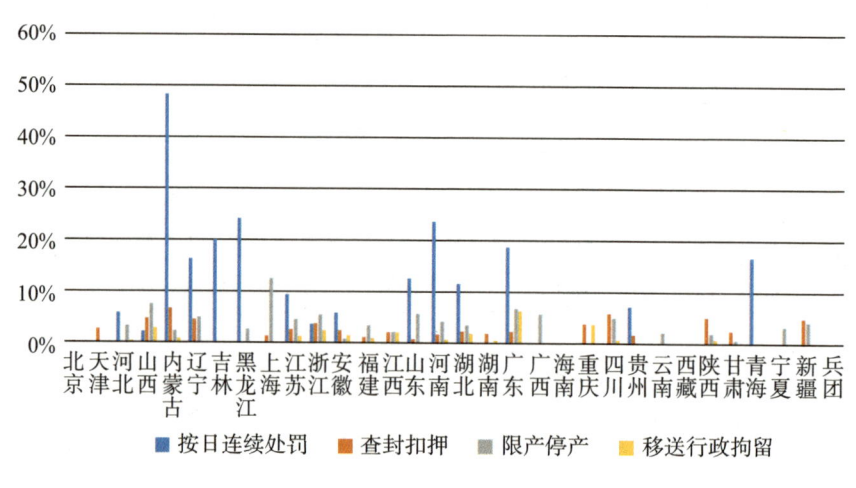

图3-4 2016年全国四种处罚措施的企业违法反弹率

三、2016年四个配套办法适用与实施的效果

(二) 环保执法较好地运用了"组合拳"

本报告中,环保执法"组合拳"是指环境行政机关为及时制止环境违法行为、严厉惩治环境违法者,对同一违法者在同一自然年度的同一或多个违法行为,同时或先后采取两项或两项以上的环保配套措施。① 2016年全国32个地区974件按日连续处罚案件、9 622件查封扣押案件、5 211件限产停产案件、3 968件移送行政拘留、1 963件涉嫌犯罪移送公安机关的案件中,共处置19 050家企业(或个人)。据统计,环保机关共对1 255家企业(或个人)打出环保"组合拳",较2015年的704家企业(或个人)而言,绝对数量有大幅增加。其中,被采取2种组合措施的企业(或个人)最多,共1 144家,占91%;被采取3种组合措施的,共108家企业(或个

---

① 环保执法"组合拳"狭义上是指环境行政机关对同一违法者的同一违法行为,在同一自然年度内采取两项或两项以上的环保配套措施以制止违法行为,严厉惩治环境违法者。但鉴于课题组所掌握的案例数据识别相关要素的实际困难,将该定义扩大为广义的"组合拳"。广义"组合拳"包括四种情况,即同一自然年度内:

(1) 环境行政机关对同一违法者的同一违法行为同时采取两项或两项以上的环保配套措施。如针对A企业不正常运行污染防治设施,环境行政机关查封其排污设施,并将主要责任人移送公安机关处以行政拘留。此案中环境行政机关采取查封措施与移送行政拘留措施相结合的"组合拳"。

(2) 环境行政机关对同一违法者的同一违法行为先后采取两项或两项以上的环保配套措施。如针对B企业通过暗管排放水污染物的行为,环境行政机关责令其改正、处以罚款,并责令其停产整治,在复查时发现其行为仍未改正,对其处以按日连续处罚,并将主要责任人移送公安机关处以行政拘留。此案中环境行政机关采取停产整治、按日连续处罚与移送行政拘留措施相结合的"组合拳"。

(3) 环境行政机关对其在同一时间发现的同一违法者的不同违法行为采取两项或两项以上的环保配套措施。如环境行政机关在对C企业的现场检查时发现,C企业不正常运行大气污染防治设备、超标排放大气污染物,并违法排放危险废物,对C企业的三种违法行为采取查封措施、停产整治措施、处以罚款,并移送行政拘留,复查时发现其未改正排污行为又对其处以按日连续处罚。此案中环境行政机关采取停产整治、查封扣押、按日连续处罚与移送行政拘留措施相结合的"组合拳"。

(4) 环境行政机关对同一违法者的环境违法行为被查处后,行政相对人再违法的情形(包括再犯同一违法行为与出现新类型的后续违法行为),对之采取两项或两项以上的环保配套措施。如7月份D企业超标排污不改正被以按日连续处罚措施,改正后9月份又被发现超标排污行为,被处以停产整治措施。此案中环境行政机关采取按日连续处罚与停产整治相结合的"组合拳"。若D企业改正恢复生产后,又于同年11月被发现其伪造监测数据,而被采取查封扣押措施,主要责任人被移送行政拘留。在这种情况下,此案中环境行政机关采取按日连续处罚、停产整治、查封扣押与移送行政拘留相结合的"组合拳"。

新《环境保护法》四个配套办法实施与适用评估报告（2015—2017年）

人），占9%。此外，有3家企业（或个人）被采取了4种组合措施，但没有企业（或个人）被同时采取5种措施（见图3-5）。2016年环保执法"组合拳"比例分布情况与2015年的相似，同时被采取3种措施的占比有所增加，增长3%。

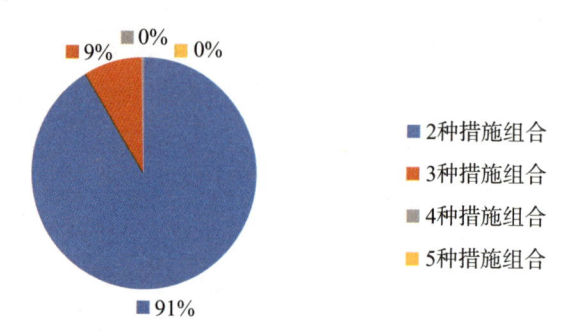

图3-5 2016年全国32个地区环保"组合拳"实施情况

注：环保"组合拳"措施包括：按日连续处罚、查封扣押、限产停产、移送行政拘留、涉嫌犯罪移送公安机关五种措施。

具体而言，实施"组合拳"数量最多的地区为福建省，共233件。其次是浙江省和江苏省，数量分别为166件、163件（见图3-6）。另外，海南省和西藏自治区没有运用组合拳的情况。

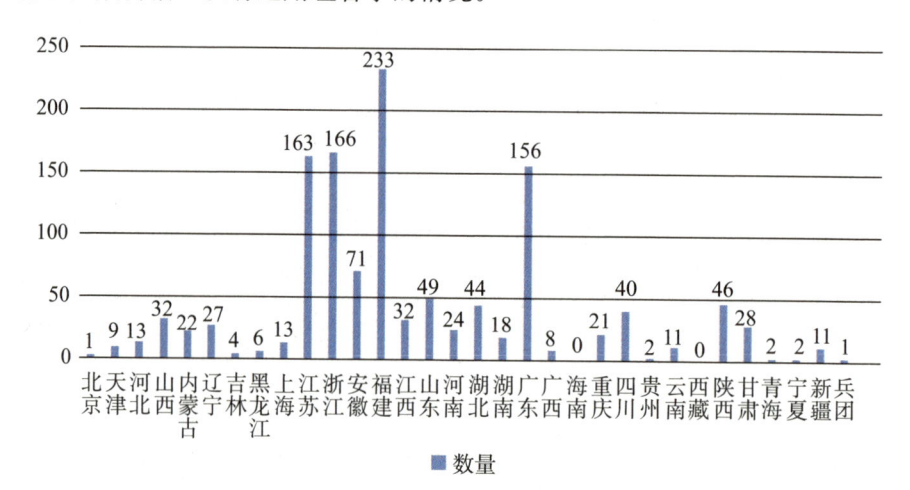

图3-6 2016年全国32个地区环保"组合拳"实施数量

三、2016年四个配套办法适用与实施的效果

如表3-1所示，就"组合拳"的不同"套路"而言，两种措施组合的套路中，同时被采取查封扣押措施并移送行政拘留的企业（或个人）数量最多，为351家，可见，查封扣押措施与移送行政拘留措施的组合适用最为普遍。其次是查封扣押措施与涉嫌犯罪移送公安机关的组合，为240次；而查封扣押措施与限产停产措施组合，为227次。分析可知，被采取查封扣押措施的企业或个人环境违法行为均较为严重，查封扣押其环境违法设施、设备等具有辅助性功能，目的为进一步调查其环境违法行为，最终决定限产停产或移送行政拘留，甚至涉嫌犯罪移送公安机关。

表3-1　　　2016年全国32个地区两种措施组合的实施情况

	按日连续处罚	查封扣押	限产停产	移送行政拘留	涉嫌犯罪移送公安机关
按日连续处罚		16	60	35	2
查封扣押	16		227	351	240
限产停产	90	227		114	32
移送行政拘留	35	351	114		37
涉嫌犯罪移送公安机关	2	240	32	37	

进一步分析可知，采取两种措施的"组合拳"中，有72.9%的案件采取了查封扣押措施。可见，作为一种强制手段，查封扣押在环境案件执行过程中具有重要地位。同时，查封扣押与其他行政处罚措施配合使用的情况也比较常见。查封扣押措施与其他处罚措施并用的案件数量共计939件。由此显示，查封扣押强制措施在实践过程中配合行政处罚措施适用的情况较为普遍。

但是，查封扣押措施和其他四种处罚手段并用的情况在实践中并不存在；查封扣押措施和另外三种处罚手段并用的情况在实践中只有2个案件，浙江省和福建省各1件。实践中，最为普遍的情况是查封扣押配合一种行政处罚措施或者两种行政处罚措施适用，并且以查封扣押配合一种行政处罚

新《环境保护法》四个配套办法实施与适用评估报告（2015—2017年）

措施的情况更为常见，共有案件818件；查封扣押配合两种行政处罚措施适用的案件有103件。

另外，采取两种措施的"组合拳"中，有46.9%的案件采取了移送行政拘留措施。与公安机关协调合作的移送行政拘留措施或涉嫌犯罪移送公安机关两类案件相关的"组合拳"占采取两种措施的"组合拳"总数的74.1%。可见，环保部门打出"组合拳"，仍需与公安机关协调合作，共同为保护环境、制止环境违法行为、预防环境污染作出贡献。

（三）2016年环境执法案件数据与环境空气质量变化分析

1. 2016年空气质量较差地区执法力度相对较强

根据环境保护部统计的2016年各地区空气优良天数比例排名，对照2016年各地区的适用四个配套办法案件数量可以发现，案件数量排名靠前的10个地区中，有7个地区的空气优良天数比例排在全国的后15位，分别为江苏、安徽、河南、山东、陕西、湖北、山西（见表3-2）。由此说明，空气质量较差的地区污染企业较多，当地环境保护部门努力通过加强环境执法力度，以期达到改善空气质量的目的。

表3-2　　　　　部分地区空气质量与案件数量对比

省份	空气质量排名	优良天数比例（%）	案件数量排名	案件数量
河南	32	53.6	6	1 165
山东	29	56.9	7	1 096
陕西	26	67	8	807
山西	25	67.9	10	765
江苏	23	70.2	3	2 209
湖北	22	71.4	9	802
安徽	21	74.2	5	1 870

三、2016年四个配套办法适用与实施的效果

2. PM$_{2.5}$浓度同比上升幅度较大城市的执法力度有待加强

比较2016年各地区的案件数量可以发现，环境保护部统计的2016年PM$_{2.5}$浓度同比上升幅度较大的9个城市，其适用四个配套办法的案件数量却相对较少。其中，贵州省黔南州、陕西省咸阳市、新疆生产建设兵团五家渠市的案件数量为0件。9个城市中，山西省临汾市2016年PM$_{2.5}$浓度同比上升幅度排名第9，执行四个配套办法的案件数量在9个城市中相对最多，为19件，是四个配套办法执法力度与PM$_{2.5}$浓度同比上升幅度成反比的"典型"。总体而言，2016年PM$_{2.5}$浓度同比上升幅度较大的9个城市的执法力度均有待加强，而执法力度相对较大的城市，PM$_{2.5}$浓度同比上升幅度相对较小。据课题组统计，全国地市级案件平均为65件，2016年PM$_{2.5}$浓度同比上升幅度较大的9个城市的案件数均远低于全国地级市平均水平。（见表3-3）

表3-3　　2016年PM$_{2.5}$浓度同比上升幅度较大城市与案件数量对比

序号	城市名称	省份	2015年浓度 μg/m³	2016年浓度 μg/m³	变幅	案件数量
1	克州	新疆	55	82	49.1%	5
2	黔南州	贵州	23	30	30.4%	0
3	咸阳市	陕西	63	82	30.2%	0
4	池州市	安徽	34	44	29.4%	10
5	五家渠市	兵团	59	76	28.8%	0
6	渭南市	陕西	60	76	26.7%	2
7	喀什地区	新疆	125	158	26.4%	1
8	红河州	云南	35	44	25.7%	8
9	临汾市	山西	59	74	25.4%	19
参照数	全国平均					65

3. PM$_{10}$浓度同比上升幅度较大城市执法力度有待加强

如表3-4所示，比较2016年各地区的案件数量可以发现，环境保护部

新《环境保护法》四个配套办法实施与适用评估报告（2015—2017年）

统计的2016年PM_{10}浓度同比上升幅度较大的12个城市，其适用四个配套办法的案件数量却相对较少，且远低于全国地级市执法案件数平均水平。其中，贵州省黔南州、西藏自治区拉萨市、西藏自治区阿里地区、陕西省咸阳市的案件数量为0件。12个城市中，山西省吕梁市2016年PM_{10}浓度同比上升幅度排名第12，恰巧执行四个配套办法的案件数量在12个城市中相对最多，为58件。由此可见，2016年，四个配套办法的行政执法力度与PM_{10}浓度同比上升幅度大体成反比关系，PM_{10}浓度同比上升幅度较大的10个城市的执法力度均有待加强。

表3-4　2016年PM_{10}浓度同比上升幅度较大城市与案件数量对比

序号	城市名称	省份	2015年浓度 μg/m³	2016年浓度 μg/m³	变幅	案件数量
1	巴州	新疆	147	210	42.9%	5
2	喀什地区	新疆	307	436	42.0%	1
3	克州	新疆	211	291	37.9%	5
4	拉萨市	西藏	59	80	35.6%	0
5	宜春市	江西	59	79	33.9%	2
6	临汾市	山西	90	120	33.3%	19
7	红河州	云南	53	70	32.1%	8
8	阿里	西藏	27	35	29.6%	0
9	黔南州	贵州	37	47	27.0%	0
10	渭南市	陕西	110	139	26.4%	2
11	咸阳市	陕西	118	149	26.3%	0
12	吕梁市	山西	78	98	25.6%	58
参照数	全国平均					65

4."三大区域"环境执法与空气质量改善情况

京津冀、长三角和珠三角地区（以下简称"三大区域"）是我国重要的经济、政治、文化发展地区，其环境质量的改善代表着我国环境问题解

三、2016年四个配套办法适用与实施的效果

决的最优水平,该三大区域的城市空气质量改善情况也是重点考核对象,故课题组尝试对三大区域的环境执法情况与空气质量改善情况之间的关系进行一些分析。

(1) 京津冀地区

京津冀城市群共 13 个城市。根据 2015 年和 2016 年的空气指数数据,2016 年空气质量数据变化总体上有升有降,但是空气质量明显改善。由图 3-7 可见,与 2015 年相比,2016 年 13 个城市中空气污染指数出现上升的有石家庄市,其 $PM_{2.5}$ 年平均浓度和 PM_{10} 年平均浓度,同比分别上升 11.2% 和 11.6%,另有张家口市的 PM_{10} 年平均浓度同比上升 6.4%。这两个城市的年度案件数量分别是 38 件和 7 件,案件数量均低于京津冀地区案件数量的平均值(62 件)。(见图 3-7)

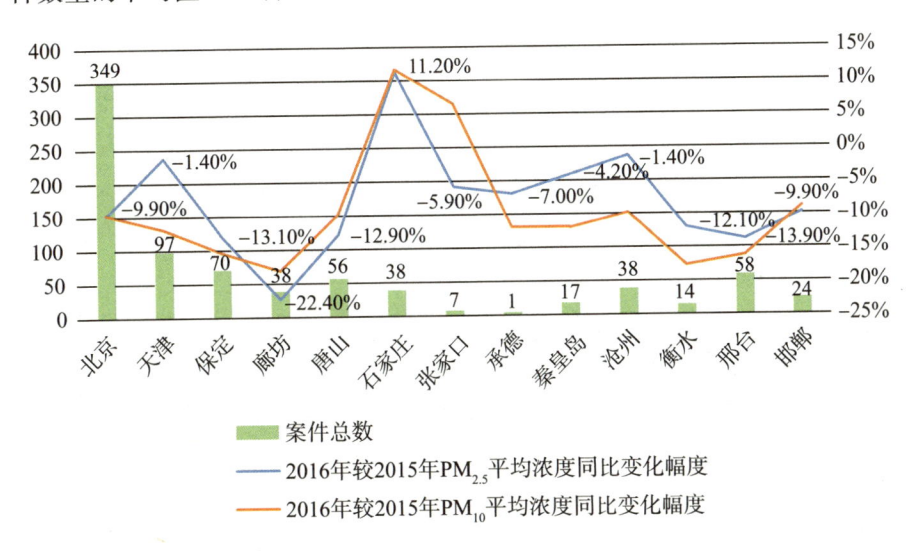

图 3-7 京津冀城市群 2016 年 PM 平均浓度同比变化幅度及 2016 年五类案件数量

(2) 长三角地区

长三角地区共 26 个城市。根据 2015 年和 2016 年的空气指数数据,2016 年空气质量数据变化总体上有升有降,但是空气质量明显改善。与 2015 年相比,2016 年长三角地区中,抚州市的 $PM_{2.5}$ 年平均浓度持平,其余 25 个城市中两类空气指数平均浓度均出现上升的仅有池州市,$PM_{2.5}$ 年平

均浓度同比上升29.4%、PM₁₀年平均浓度上升20%。另外，2016年安庆市的PM₂.₅年平均浓度指数同比上升1.9%；宣城市的PM₂.₅年平均浓度指数同比上升4.1%；抚州市的PM₁₀年平均浓度指数同比上升3.3%。这四个城市的年度案件数量均少于100件，都远远低于长三角地区案件数量的平均值（196件）。（见图3-8）

图3-8 长三角地区2016年PM年平均浓度同比变化幅度及2016年五类案件数量

（3）珠三角地区

珠三角地区共14个城市。根据2015年和2016年的空气指数数据，2016年空气质量数据变化总体上有升有降，但是空气质量明显得到改善。与2015年相比，2016年江门市、惠州市和云浮市的PM₂.₅年平均浓度保持不变。江门市的PM₁₀年平均浓度同比上升10%；清远市的PM₂.₅年平均浓度和PM₁₀年平均浓度分别同比上升9.1%和2%。2016年珠三角地区中仅江门市和清远市两个城市出现空气质量恶化现象，两个城市的案件数量分别是128件和12件，均低于珠三角地区城市平均案件数量（129件）。（见图3-9）

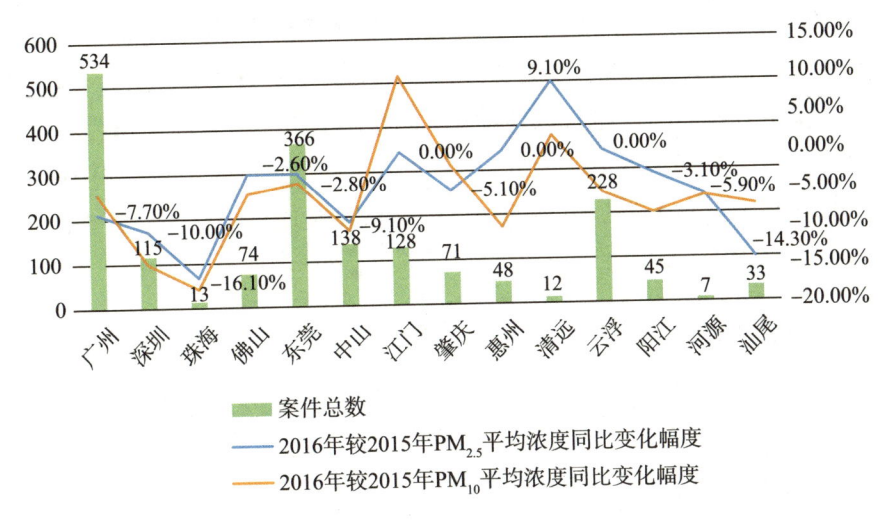

三、2016年四个配套办法适用与实施的效果

图3-9 珠三角地区2016年PM年平均浓度同比变化幅度及2016年五类案件数量

总结而言，三大区域内，与2015年相比，2016年$PM_{2.5}$与PM_{10}年平均浓度上升的地区，其执法案件数均低于该区域内的平均案件数。由此可见，三大区域内，环境质量的改善，与各地区积极执行四个配套办法，加大对环境违法行为的打击力度，加强执法的区域等工作密不可分。

(四) 2016年各地区案件数量与第二产业增长具有相关性

第二产业是经济理论对产业划分中的一个产业部门，按"三次产业分类法"划分，把国民经济中的采矿业、制造业、电力、燃气及水的生产和供应业、建筑业等部门称为第二产业。从第二产业的构成来看，其主要是能源消耗类产业，对环境质量的影响较大，也是环境执法的主要对象。因此，本报告拟以全国各省份第二产业增加值为参考数据，将之与2016年各地区执行四个配套办法案件数量进行比较研究。但由于国家尚未公布2016年全国各省份第二产业增加值，本报告中的全国各省份第二产业增加值均采2015年数据。

新《环境保护法》四个配套办法实施与适用评估报告（2015—2017年）

根据国家统计局公布的2015年31个省份的第二产业增加值，结合各地区2016年的案件数量（新疆生产建设兵团的案件数量纳入新疆维吾尔自治区的案件总量中）进行比较可知，除个别省的情况较特殊以外，同期各地区五种配套措施执法案件的数量与第二产业增加值整体上具有相关性，即多数第二产业增加值高的地区的环境执法案件量也相对领先。（见图3-10）

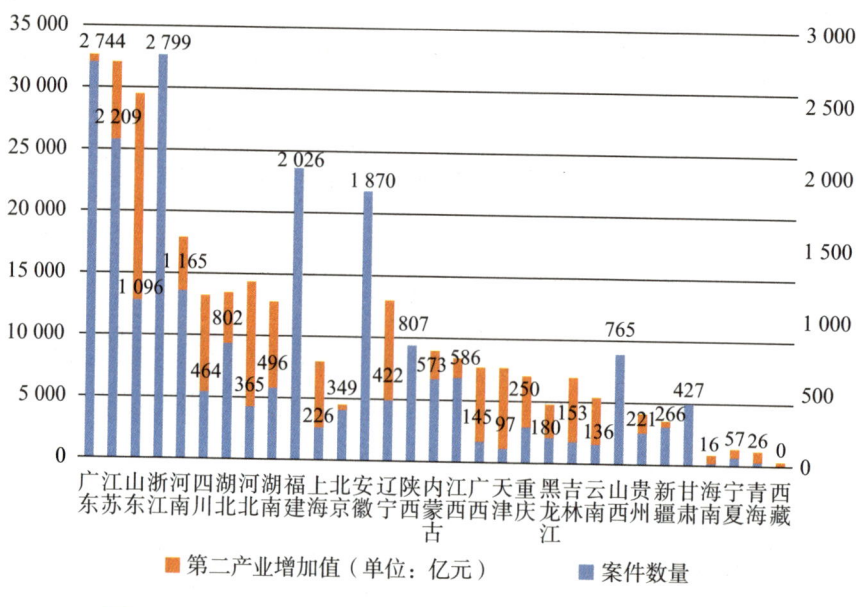

图3-10　2016年31个地区案件数量和第二产业增加值对比图

第二产业增加值排名前5位的地区，其2016年的五种措施案件数量基本上也排在全国前列。但也存在个别例外的情形，浙江省的案件数量最多，比山东省的案件数量多1 703件，但是山东省的第二产业增加值数值较浙江省的多9 774.23亿元。此外，五种措施案件数量较少的排名末5位的地区，其第二产业增加值也相对处于全国较少的区段。例外情形是，甘肃省四个配套办法案件数量在全国32个地区中排名15名，但其第二产业增加值排名却是全国第27名。（见表3-5）

三、2016年四个配套办法适用与实施的效果

表3-5 部分地区2016年五种措施案件数量与第二产业增加值排名（正态）

地区	案件数量排名	第二产业增加值排名
浙江	第1	第4
广东	第2	第1
山东	第7	第3
江苏	第3	第2
河南	第6	第5
甘肃	第15	第27
宁夏	第27	第28
海南	第30	第30
青海	第29	第29
西藏	第31	第31

以第二产业增加值数值高低分区域来分析，第二产业增加值高于8 000亿元的地区，环境执法案件数量均高于350件；第二产业增加值排名前5的省份，其2016年的案件数量均高于1 000件，属于环境执法措施实施频率较高的地区。第二产业增加值数值排名最末的4个省份，其环境执法案件数量也相对最低，均低于60件。

本报告所称"环境执法强度得分"为环境行政执法案件数量除以第二产业增加值，再赋值为百分制。环境执法强度得分的数值越小，说明该地区执法强度越弱，即该地区环境行政执法强度相较于该地区第二产业增加值，有待加强。环境执法强度得分的数值越大，说明该地区环境行政执法强度与该地区第二产业增加值"匹配"相对较好。如图3-11所示，环境行政执法强度较好的地区为甘肃省、安徽省、福建省、山西省、浙江省。环境行政执法强度较差的地区为天津市、海南省、广西壮族自治区、青海省和吉林省。需要指出的是，由于西藏自治区的案件数量为0件，所以西藏自治区的执法强度得分为0分。

新《环境保护法》四个配套办法实施与适用评估报告（2015—2017年）

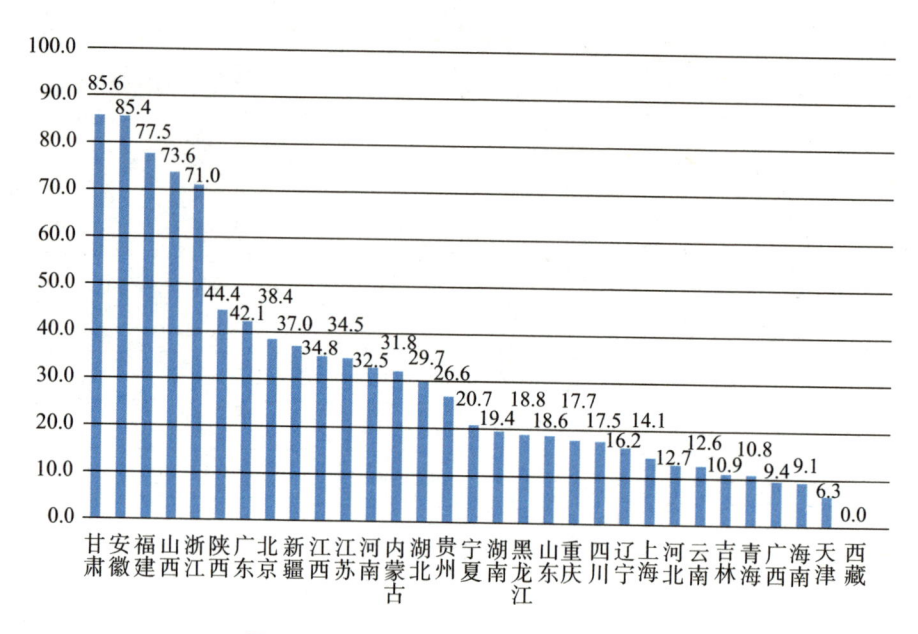

图 3-11　全国各地区环境执法强度得分

四、全国32个地区实施四个配套办法情况排序

要对各省份的环境执法状况进行合理的评价及排序，关键是处理好案件数、反弹率与信息公开比或与其他参数之间的关系，使之结合起来反映该省的执法状况。对此，因无法准确知晓案件数、反弹率与信息公开比之间存在的量化关系，故难以采用传统的建立合理数学模型的方法进行量化排序。经过几种排序方式的比对，课题组最终决定采用"各要素分别排序赋值，加权求和"的方法，以对全国32个地区执行四个配套办法的情况进行排序，即对案件数、反弹率和信息公开比这三要素分开排序赋分，最后再进行加权求总分的方法。2016年沿用了2015年的此种排序方法，以期与2015年形成对比。

(一) 排序方法

1. 加权数占总分值的份额

根据我国环境执法现状，并参考环境执法业绩考核评价体系，本次排序将以案件数为主，辅以反弹率和信息公开情况的评价，以促使各省市环境执法实现"有案必执法、执法必公开、执法不反弹"的实施目标。因此，在加权数上案件数排名分值、反弹率排名分值、公开率排名分值分别占总分的50%、30%、20%份额。另外需要特别说明，因《移送行政拘留办法》没有信息公开条款，且各地上报信息中也没有信息公开部分，故将信息公

新《环境保护法》四个配套办法实施与适用评估报告（2015—2017年）

开所占20%的份额，平均分配给案件数以及反弹率，即在《移送行政拘留办法》执行情况的排序中，案件数排名分值、反弹率排名分值占总分份额调整为60%、40%。

2. 三要素分别赋值后加权求和

根据案件数、反弹率、信息公开率三个要素对32个地区执行四个配套办法的情况进行评价，即预设逻辑为案件数越多的地区，执法力度更强，执法越好；反弹率越低的地区，执法效果越好；信息公开率越高的地区，更有利于环境执法通过介绍社会监督而更可持续发展。据此，课题组将四个配套办法实施情况中的案件数、反弹率、信息公开率分别进行排序，其中案件数、信息公开率由高到低，依次赋分32—1；反弹率由低到高，依次赋分32—1。

然后，对四个配套办法的执行情况的分值进行分别计算，对三个分值进行加权求和得到32个地区分别执行四个配套办法情况的分值。

最后将32个地区分别执行这四个配套办法所得分值进行加权求和即得最后总分。

这种"各要素分别排序赋值，加权求和"的方法只是一种较为粗略的排序方法，难以做到全面分析，如在案件数上，无法考虑到各省份因发展水平、经济结构造成的案件数差异；又如加权系数的分配不尽合理等等。但无可否认，在当前新环境保护法实施刚满两年的探索阶段，它至少应该具有一定的参考价值，可以据此对全国范围内32个地区执行四个配套办法的情况进行一定的"定位置、找差距"的相对性评价。

（二）2016年全国32个地区执行四个配套办法总体情况的分值与排序

由表4-1可见，2016年四个配套办法的适用与实施，有13个地区排名上升，4个地区排名不变，15个地区排名下降。2016年执行4个配套办法排名前5的地区分别为河南、浙江、江苏、江西、广东；排名最靠后的5个地区分别为天津、海南、青海、兵团、西藏。

四、全国32个地区实施四个配套办法情况排序

表 4-1　　2016年全国32个地区实施四个配套办法的执行情况排序

	2016年排名	地区	《按日连续处罚办法》执行情况积分	《查封扣押办法》执行情况积分	《限产停产》办法执行情况积分	《移送拘留》办法执行情况积分	总积分	2015年排名	排名变化情况
↑	1	河南	22	31	31	31	115	6	5
↓	2	浙江	30	26	25	26	107	1	－1
↑	3	江苏	30	22	30	22	104	7	4
↑	4	江西	28	19	22	22	91	13	9
↓	5	广东	22	32	21	12	87	3	－2
↓	6	福建	32	31	21	2	86	2	－4
↓	6	湖南	20	13	28	25	86	4	－2
↑	8	山东	19	28	15	23	85	18	10
↑	8	广西	23	21	9	32	85	27	19
↑	10	贵州	12	18	24	30	84	12	2
↓	11	甘肃	8	16	29	25	78	8	－3
↑	12	辽宁	31	3	12	29	75	21	9
↑	13	安徽	9	27	32	6	74	19	6
↑	14	吉林	15	11	16	27	69	28	14
↓	15	陕西	17	15	18	18	68	5	－10
○	16	云南	14	23	10	20	67	16	0
↑	17	黑龙江	13	17	19	17	66	25	8
↓	18	湖北	7	24	27	6	64	9	－9
↑	19	重庆	11	25	26	1	63	26	7
↑	19	新疆	27	9	8	19	63	28	9
↓	21	北京	18	29	5	8	60	13	－8
↓	22	山西	24	10	13	9	56	15	－7
○	23	河北	5	20	2	28	55	23	0
↓	23	上海	25	14	1	15	55	9	－14

新《环境保护法》四个配套办法实施与适用评估报告（2015—2017年）

续前表

2016年排名	地区	《按日连续处罚办法》执行情况积分	《查封扣押办法》执行情况积分	《限产停产》办法执行情况积分	《移送拘留》办法执行情况积分	总积分	2015年排名	排名变化情况
↑ 23	宁夏	3	13	23	16	55	30	7
↓ 26	四川	26	1	12	11	50	11	−15
↓ 27	内蒙古	11	8	14	14	47	17	−10
↓ 28	天津	7	6	18	13	44	22	−6
↓ 29	海南	16	8	5	7	36	19	−10
↓ 30	青海	1	5	7	11	24	24	−6
○ 31	兵团	4	4	6	3	17	31	0
○ 32	西藏	2	3	5	4	14	32	0

2016年实施四个配套办法情况最好的地区是河南，其积分与排名"上涨"，且总排名第一，除了案件数量多、反弹率低外，信息公开率高是其取得"战绩"的重要原因。河南地区按日连续处罚案件信息公开率为94.6%，查封扣押案件与限产停产案件信息公开率均达100%。

2016年排名上升幅度最大的是广西。相较于2015年而言，广西地区的总案件数、反弹率、信息公开率三组数据中，变化最大的是反弹率，广西仅有限产停产案件反弹，其反弹率仅为5.66%，而其2015年四类案件中反弹率最低的是查封扣押案件反弹4.55%，最高的按日连续处罚案件反弹曾高达25%。2016年反弹率较2015年下降幅度大，故2016年执行四个配套办法情况排名名次上升幅度大。

2016年排名下降幅度较大的是四川（下降15位）与上海（下降14位）。四川与上海两地除《按日连续处罚办法》执行情况相对较好外，《查封扣押办法》《限产停产办法》《移送行政拘留办法》执行情况均不理想。四川地区执行《查封扣押办法》情况最差，案件数量较少，反弹率却居32个地区中的倒数第二高，达5.77%，且信息公开率不高。而四川执行《限

四、全国 32 个地区实施四个配套办法情况排序

产停产办法》《移送行政拘留办法》的案件总数也均不高,反弹率却相对较高。上述原因导致四川地区执行四个配套办法情况总体排名大幅下降。

上海排名下降与四川的基本成因相似,比较上海地区各单项而言,其执行《限产停产办法》情况相对最差,虽然信息公开率达 100%,但其限产停产案件总数仅 19 件,反弹率却高达 11.11%。此外,上海地区查封扣押案件数与移送行政拘留案件数也较少,且信息公开率不高。上述原因导致上海地区执行四个配套办法的总体排名下降幅度较大。

五、四个配套办法适用与实施中存在的问题与完善建议

(一) 2016年四个配套办法执行中存在的问题

1. 2016年反弹率略有回升,执法质量有待加强

2016年全国32个地区,依据四个配套办法被处罚(强制)的企业总数为19 050家,较2015年被处罚(强制)的10 299家企业数增加了85%,而被重复处罚(强制)的企业总数为547,较2015年的265家企业增加了1.06倍。因此,由于违法行为反弹的企业增加了1.06倍,全国范围内企业违法反弹率上涨了0.29%,略有回升。

2016年全国四个配套办法执行的违法企业反弹率为2.86%,整体而言反弹率较低。其中,被按日连续处罚的企业违法行为反弹率有较大程度的下降;被限产停产、移送行政拘留的企业违法行为反弹率也有所下降;仅被查封扣押的企业违法行为反弹率略有上升。全国执行四个配套办法的整体反弹率仅回升了0.29%,但是,若不引起重视,环境执法对企业的环境违法行为的威慑力可能会逐渐降低。

因此,虽然2016年全国范围内执行四个配套办法的案件数有大幅增加,同比增长约85%,但反弹率的回升也警示执法机构的执法质量有待提高。反弹率的回升原因是多方面的。第一,执法力度加强,适用四个配套办法的案件大幅增加,使得被处罚企业数大量增加,自然理论上潜在的重复违法企业的主体个数增加了;第二,部分违法企业仍存在环保意识差,守法

五、四个配套办法适用与实施中存在的问题与完善建议

意识薄弱,"顶风作案"的情况;第三,四个配套办法经过两年的实施,排污企业已对严格环境执法形成习惯,而有部分企业仍存在侥幸心理,认为被处罚一次以后就万事大吉,而不及时吸取教训严格守法;第四,个别地方存在环境执法不到位,过罚不相当,处罚和威慑力度无法达到震慑环境违法行为的效果。

对于环境执法而言,由于四个配套办法所针对的违法行为有重合与交叉,执法措施的选择权在执法工作人员的手中,执法人员有较大的自由裁量空间,因而对于环境违法行为,还应当结合违法行为的社会危害性、违法者的主观状态等,选择最为有效的执法措施,或者直接打出"组合拳",震慑环境违法者,使其不敢违法。故虽然环境执法案件总量大幅上涨,但执法质量仍不可忽视,应使环境行政执法的数量与质量并重成为常态。

2. 部分地区环境执法力度有待进一步加强

2016年的各项执法数据显示,部分地区环境执法力度有待加强。结合案件总数、反弹率、信息公开率的排名情况,总排名后五位的地区是天津、海南、青海、兵团、西藏。另外,与2015年执法情况相比,2016年案件执法数量下降的地区有湖南、西藏、宁夏和新疆生产建设兵团等;反弹率上升幅度大的地区有天津、辽宁、宁夏、新疆生产建设兵团等;信息公开率下降幅度较大,超过15%的地区有山西、上海、四川、新疆生产建设兵团等。这些地区的环境执法个别维度存在进一步着力提升的空间。我们建议应更好地贯彻执行环境信息公开,并提高日常环境执法的质量。

另外,与地区第二产业增加值相结合,执法强度排名靠后的五名为天津、海南、广西、青海和吉林。这些地区的日常化、常规化环境执法力度也应进一步加强。

3. 信息公开质量仍有待提高,公开途径应与时俱进

虽然2016年信息公开率较2015年有较大提升,且部分地区环境信息得到全面公开,但仍有青海、陕西、四川、江西、上海、内蒙古、陕西等地区四个配套办法执法信息公开率在50%左右,上海、新疆生产建设兵团信息公开率甚至低于40%。因此,各地环境执法工作仍需高度重视环境执法

新《环境保护法》四个配套办法实施与适用评估报告（2015—2017年）

信息的公开，改变观念，主动让环境行政执法接受社会各界的监督，以求通过社会共治，对环境违法行为形成更强大、更立体的震慑。

另外，根据统计数据，2016年环境执法案件信息公开虽有40%以上通过网络公开，但仍有少部分案件仅通过粘贴到当地环保部门公告栏的传统方式进行公开。公告栏的公开方式，只有环保部门当地公众才有可能知晓，且该种公开方式公开信息有限、公开时间有限、地理位置固定，使得只有当地少部分公众能够获取案件信息，公开效果相对较为有限。因此，应当将公告栏公开方式与其他方式结合，提高信息公开的效果。

（二）四个配套办法条文的准确解读与理解完善

1.《查封扣押办法》第23条第2款规定的撕毁封条后的处理无法与《治安管理处罚法》衔接

查封、扣押权的行使可以及时制止环境污染行为，预防环境危害的发生。然而，若查封、扣押的执行不到位，其制止与预防的功能则无法发挥。因此，查封、扣押权的行使，还需要有更加严厉、强力的后盾。为此，《查封扣押办法》第23条第2款规定，在行使查封、扣押权时，若出现"排污者阻碍执法、擅自损毁封条、变更查封状态或者隐藏、转移、变卖、启用已查封的设施、设备的"行为，则需由环保执法机关移送公安机关依法处理。

而具体分析《查封扣押办法》第23条第2款所规定的四种违法行为，无法完全与《治安管理处罚法》相衔接，仅有"排污者阻碍执法"的行为可以适用《治安管理处罚法》第50条第1款第2项，而"隐藏、转移、变卖已查封的设施、设备的"行为则可以适用《治安管理处罚法》第60条第1款第1项的规定。其余该条所谓的"擅自损毁封条、变更查封状态、启用已查封的设施、设备"的情形却无法与《治安管理处罚法》相衔接，实践中较难处以行政拘留。

但实践中，2015年至2016年间，执法部门查证的涉嫌擅自损毁封条行

五、四个配套办法适用与实施中存在的问题与完善建议

为的案件共 106 件，其中环保部门依据《查封扣押办法》规定将案件移送公安机关的有 101 件，达 95%，而其中可以通过后续跟踪，明确涉案违法者被公安机关处以行政拘留的只有 53 件，达 50%；环保部门移送公安机关，处于公安机关立案、受理、办理中，尚未作出处罚的案件有 36 件；公安机关明确未受理的案件有 2 件；处理结果尚不明确的有 11 件。

因此，实践中，由于环保、公安联合执法加强，环保部门与公安机关对于擅自损毁封条违法行为的处罚达成一致，环保部门依据《查封扣押办法》第 23 条第 2 款将案件移送至公安机关，大部分公安机关都接收案件移送，并作出处罚。然而由于《查封扣押办法》第 23 条第 2 款与《治安管理处罚法》的现有"有缝"衔接问题，仍然存在公安机关不予受理的情形。

因此，对于此种危害环境行政管理秩序的行为，还需环保部门与公安机关协商一致，将擅自损毁封条行为解释为妨害行政执法的行为，适用《治安管理处罚法》第 60 条。并建议由环境保护部与公安部对该问题进行执法协商，通过修订规范性文件《关于加强环境保护和公安部门执法衔接配合工作的意见》，进一步明确所有涉及治安管理处罚的环境违法行为的移送与法律适用问题，以此达到实践中对擅自损毁封条行为的统一处罚，避免执法"漏洞"，做到公平执法。

2. 完善《限产停产办法》，指导基层执法人员自由裁量权的行使

《限产停产办法》第 5 条、第 6 条、第 8 条规定了三种不同程度的处罚措施，分别为限制生产、停产整治、停业关闭。环境执法部门应当在执法过程中针对危害程度不同的环境违法行为适用不同的处罚措施，从而增强执法的科学性与合理性。然而《限产停产办法》第 5 条、第 6 条的规定，均是任意性规范，赋予环保执法人员较大的自由裁量空间。

在 2015 年和 2016 年《限产停产办法》实施过程中，共有 8 372 件案件被处以限制生产、停产整治、停业关闭。其中 2015 年的案件数量为 3 161 件，2016 年的案件数量为 5 211 件。在限制生产、停产整治、停业关闭三种处罚措施中，停产整治的案件所占比例最大，2015 年和 2016 年占比均为 64%；其次，为限制生产的案件，2015 年和 2016 年占比分别为 25% 和 31%；

新《环境保护法》四个配套办法实施与适用评估报告（2015—2017年）

停业关闭的案件数量最少，2015年和2016年占比分别为11%和5%。

2015年实施的新《环境保护法》被称为史上最严厉的环保法，而《限产停产办法》等四个配套办法也被称为环保法的"牙齿"。一方面，为了严厉打击环境污染违法行为，威慑排污者，各地环境执法部门都用最严厉的态度对待环境违法行为，使用最严厉的手段处罚环境违法行为，以期达到有效治理环境污染的目的，满足社会公众对良好健康环境的期待。环境执法部门严格的执法行为在《限产停产办法》的实施过程中表现得尤为明显，这就导致停产整治的案件数量远远高于限制生产的案件数量。环境执法部门在执法过程中用最严苛的标准对待环境违法行为，只要排污者的行为达到停产整治的最低条件，就会对排污者处以停产整治，使其直接停止生产，一般能够较为有效地防止企业继续排污。另一方面，企业一直以来的守法意识较为薄弱，其污染行为已经达到停产整治的标准，而在新环保法实施以前，存在一定的执法不严的情况，新环保法和配套办法实施以后，执法部门以最严格的标准执法，这也导致了停产整治的案件数量高于限制生产的案件数量。

由于限制生产、停产整治、停业关闭三种措施是针对从轻到重的环境违法行为的，有明显的阶梯分布，故应对《限产停产办法》第5条、第6条作出更为明确的规定，或由环保部统一规范三类措施在执法实践中的适用，以确保依法行政，过罚相当，充分发挥《限产停产办法》的功能。

3. 《移送行政拘留办法》第2条规定与上位法冲突，与实践不符

新《环境保护法》第63条规定的是企业事业单位和其他生产经营者有法律规定情形，尚不构成犯罪的，除依照有关法律法规规定予以处罚外，由县级以上人民政府环境保护主管部门或者其他有关部门将案件移送公安机关，处以行政拘留。而《移送行政拘留办法》第2条规定的移送公安机关的条件是："县级以上环境保护主管部门或者其他负有环境保护监督管理职责的部门办理尚不构成犯罪，依法作出行政处罚决定后，仍需要移送公安机关处以行政拘留的案件"。对于新《环境保护法》第63条规定的理解，环境保护部门认为法律仅规定"除依照有关法律法规规定予以处罚外"，将案

五、四个配套办法适用与实施中存在的问题与完善建议

件移送公安机关,强调的是其他行政处罚与行政拘留可以同时适用,而无须将"作出行政决定"作为必需的前置条件。但公安机关对该条的理解则是必须先由环保机关"依法作出行政处罚决定后"才能将案件移送给公安机关。

实践中,从32个地区移送行政拘留案件数据统计结果看,环境行政机关作出的行政决定中"有行政处罚的案件"数量最多,共2 191件,相较于2015年,此类案件的案件数增长1 020件。"有行政处罚的案件"包括环境行政机关仅作出行政处罚决定和作出行政处罚决定及其他行政行为(行政强制或行政决定)的案件。但仍有1 393件案件,行政机关没有作出行政处罚决定,与2015年相比此类案件数量增加222件。其中,在行政机关没有作出行政处罚决定的1 393件案件中,有914件案件行政机关没有作出任何的行政决定,比2015年此类案件数量增加310件(见图5-1)。由此可见,《移送行政拘留办法》第2条规定在实践中并未得到"刻板""机械"的适用。

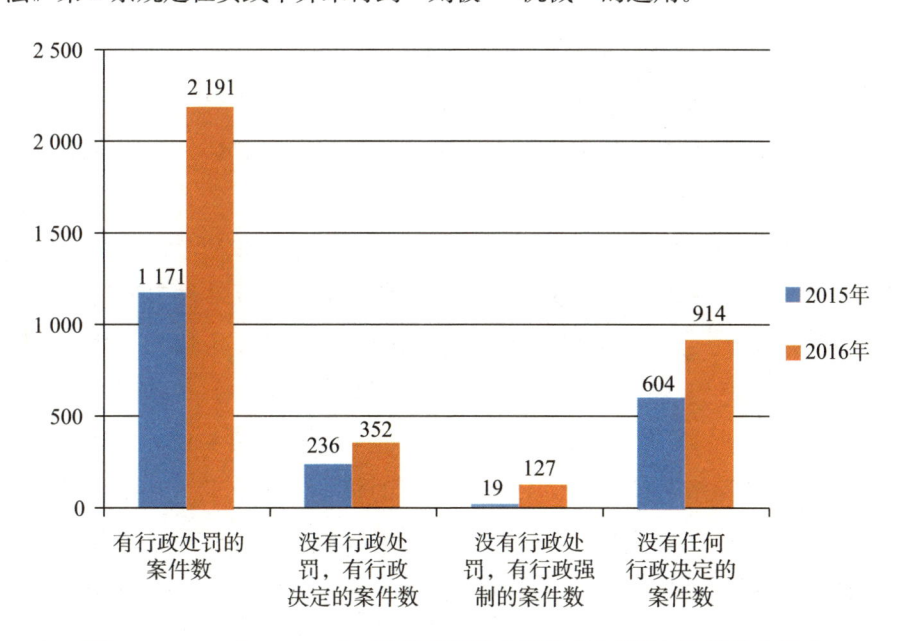

图5-1 2015年、2016年环境行政机关移送公安机关前对环境违法行为作出行政行为的性质案件数量对比图

新《环境保护法》四个配套办法实施与适用评估报告（2015—2017年）

《移送行政拘留办法》第2条强调"依法作出行政处罚决定"是移送行政拘留的前置条件。但是《环境保护法》第63条规定"除依照有关法律法规规定予以处罚外"，强调的是行政拘留可以与其他行政处罚同时适用，并未规定"作出行政处罚决定"是移送行政拘留的前置条件。由于《移送行政拘留办法》第2条规定与新《环境保护法》第63条的规定存在冲突，以及执法实践需要，使得环保行政机关并不能完全将"作出行政处罚决定"作为移送公安机关适用行政拘留的前置条件。另外，实践中也大量存在环保部门没有作出行政处罚将案件移送公安机关，且公安机关予以受理的情况。因此，为了更有利于依据环境保护法的规定打击环境违法行为，更好地统一各地的执法，建议尽快修改《移送行政拘留办法》第2条的规定，以使其与环境保护法规定本意相符，并适应执法实践的需求。

4. 实践中存在大量"其他"违法行为，应及时修改配套办法的适用情形使之适应实践需求

虽然2015年以来，四个配套办法所规定的所有适用情形均在实践中有所适用，但经过两年的实施，各个办法所适用的情形均有所侧重，四个配套办法的适用均出现了集中于某些特定的违法情形，而部分适用情形的案件数甚至徘徊在个位数。

《按日连续处罚办法》规定的适用情形，以"超标或超总量排污"案件最多，而"违法倾倒危险废物"的案件最少，两年来仅2件。值得注意的是，"排放法律、法规规定禁止排放的污染物"类的案件有13件。由于违法倾倒危险废物的行为社会危害性大，对环境的损害大，大多涉嫌违反《刑法》第338条[①]的规定，涉嫌污染环境罪，应移送公安机关侦查处理，故在执法实践中此种情形被处以按日连续处罚的较少。而由于"排放法律、法规规定禁止排放的污染物"的规定较为笼统，且尚未发现有全国统一的文件明文总结列举哪些是法律、法规规定禁止排放的污染物，基层执法人员

[①] 《刑法》第338条规定："违反国家规定，排放、倾倒或者处置有放射性的废物、含传染病病原体的废物、有毒物质或者其他有害物质，严重污染环境，处三年以下有期徒刑或者拘役，并处或者单处罚金；后果特别严重的，处三年以上七年以下有期徒刑，并处罚金。"

五、四个配套办法适用与实施中存在的问题与完善建议

缺乏更为细化、统一的执法指引和规范。

《查封扣押办法》规定了六种适用情形,而其中适用"法律、法规规定的其他造成或者可能造成严重污染的违法排污行为"进行查封扣押的案件最多,占案件总数的50%以上。具体而言,"其他"违法行为在已有实践中已经被"证实"为包括:未进行环评审批、未批先建、无排污许可证排污、违反三同时、无污染防治设施、禁燃区使用高污染燃料的燃煤锅炉等行为。

《限产停产办法》第5条规定了两种适用限制生产的适用情形,而两年来仅有30件案件属于"超过重点污染物日最高允许排放总量控制指标",可见此种行为在实践中发生频率较低,或环保执法人员无法判断或难以取证证明此种违法行为。此外,《限产停产办法》第6条规定了六种适用停产整治措施的情形,实践中,适用"法律、法规规定的其他情形"的案件数量最多,共1 701件,具体而言,多以未环评、未批先建、超标排污、无防污措施、无证排污等行为为主。

因此,为适应实践需求,《按日连续处罚办法》《查封扣押办法》以及《限产停产办法》应对四个配套办法中较为笼统的适用情形进一步细化与明确,还需要对"法律、法规规定的其他情形"予以研究和总结,力求能为基层执法人员提供正确指引,明确哪些情形是法律、法规规定的其他情形;另外,还需对以未环评、未批先建、超标排污、无防污措施、无证排污等行为适用哪些环保执法措施予以明确,以更好地指导基层环境行政执法工作。

结　语

新《环境保护法》以及四个配套办法实施进入第三年，回首 2016 年，对比 2015 年，发现四个配套办法的适用与实施中的经验与教训，全面总结全国 32 个地区环境执法现状，其目的是为新《环境保护法》更好地得以执行。两年来，四个配套办法在全国范围内得到普遍实施，且案件数量大幅增长。环境执法案件信息公开也得到进一步贯彻，各地区越来越重视环境执法案件的信息公开工作。2016 年四个配套办法的执行，环保部门打出"组合拳"，更娴熟、更科学地利用新环保法的"四颗钢牙"，重点打击水污染、大气污染等环境违法行为，重点整治电镀、钢铁等高污染行业，整肃排污企业，通过常规化的执法威慑促使企业提高环保意识，遵守环境法律法规。

虽然四个配套办法的实施仍存在执法质量继续提高的空间，执法人员自由裁量权过大且可进一步统一与规范，配套办法的个别条款的规定有待进一步明晰或修改，以更好地贯彻上位法并避免与之冲突，力求更好地适应与支撑环境执法实践的重点需求；但我们必须客观地承认，实施两年来，新《环境保护法》的四个配套办法在全国范围内得到了较好的贯彻实施，并受到了社会各界的普遍关注。四个配套办法的适用，发挥了打击环境违法行为、惩治环境违法行为的作用，提高了排污企业的违法成本，并对排污企业形成了强大的威慑力。

附件：

本评估报告所用课题组统计案件数据与环保部公开数据对照

截至报告定稿之际，环保部公布了全国32个地区上报的2016年四个配套办法执行案件的统计数据，案件总数为22 730件。为与实际情况进行衔接，课题组列表进行对照。

2017年2月23日环保部统计数据（以下简称"环保部数据"）较本评估报告所用统计数据（以下简称"课题组数据"）增加992件，即增加了4.563%。就按日连续处罚、查封扣押、限产停产、移送行政拘留、涉嫌犯罪移送公安机关五类措施的案件数，占总案件数比例而言，比例变化差别微小，查封扣押类案件仍为最多，占43.89%，最少的仍为按日连续处罚类案件，占比4.47%（详见附图1）。

另外，就32个地区上报数据而言，环保部数据与课题组数据中32个地区案件总数比较，32个地区上报数据有增有减。其中，江苏增加最多，增加544件；其次为广东，增加291件；再次为山西，增加97件。此三地区增加案件数占新增案件总数的93.95%。由此可见，环保部数据与课题组数据最大不同在于江苏、广东、山西三地的案件数。

就总案件数排名而言，课题组数据中32个地区前四位排名为浙江、广东、江苏、福建，而环保部数据中前四名排名为广东、浙江、江苏、福建。可见在总案件数排名中，仅浙江与广东、福建与江苏排名对调，其他地区

新《环境保护法》四个配套办法实施与适用评估报告（2015—2017年）

排名不变。

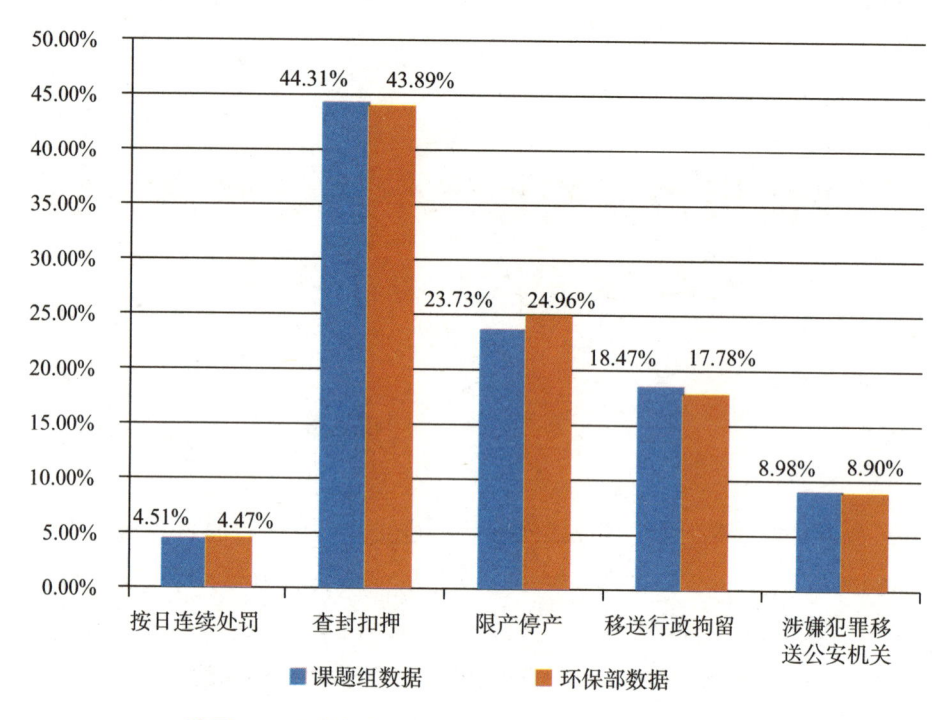

附图1 两组数据中五类措施占总案件数比例情况对比图

由附图2可见，环保部数据中32个地区案件总数变化情况仅山西、江苏、广东三个地区变化幅度大，其他地区变化幅度均较小，有些地区没有变化。因此对于报告中采用课题组数据的信息公开率、反弹率、"组合拳"、执法强度、案件涉及环境要素、适用情形等数据，除江苏、广东、山西数据可能有一些变化外，其他地区数据变化幅度均较小。而江苏、广东两地在课题组数据中案件数量也均较大，且远超其他地区。因此，本报告中利用课题组数据得出的结论，仍可以较好地符合实践的情况。

附件：本评估报告所用课题组统计案件数据与环保部公开数据对照

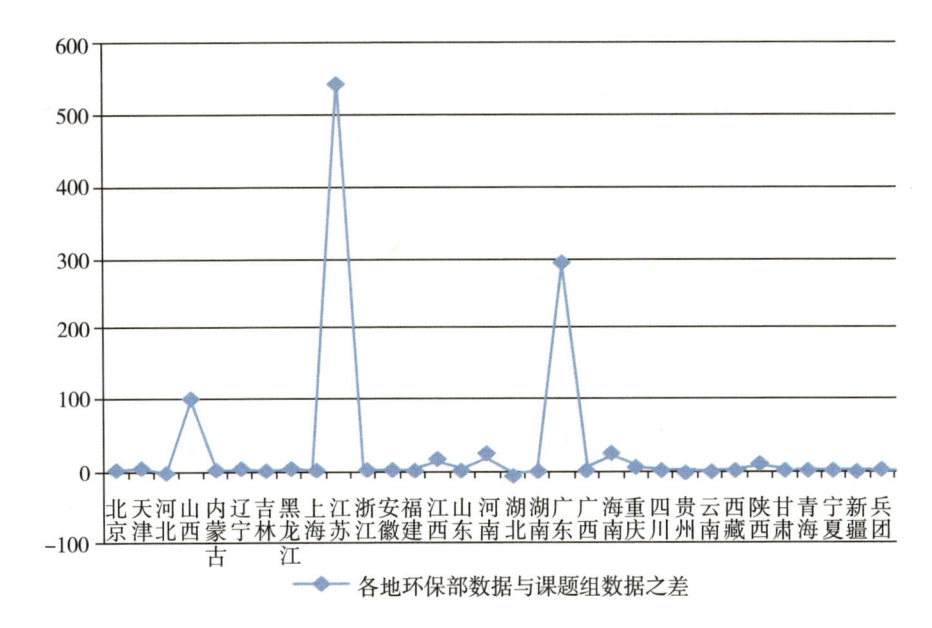

附图 2　两组数据中 32 个地区案件总数差别情况

2017 年

前 言

2014年新《环境保护法》颁布，为环保部门打击环境违法行为提供了"按日连续处罚""限制生产、停产整治""查封、扣押""移送公安机关行政拘留"等新的执法手段。为贯彻实施新《环境保护法》规定的这四种执法措施，同年，环保部出台了《环境保护主管部门实施按日连续处罚办法》（以下简称《按日连续处罚办法》）《环境保护主管部门实施限制生产、停产整治办法》（以下简称《限产停产办法》）《环境保护主管部门实施查封、扣押办法》（以下简称《查封扣押办法》）等配套规章，并联合公安部、工业和信息化部、农业部、国家质量监督检验检疫总局发布了《行政主管部门移送适用行政拘留环境违法案件暂行办法》（以下简称《移送行政拘留办法》）的规范性文件（以下将这四个文件合称为"四个配套办法"）。

中国人民大学法学院已对上述四个配套办法2015年和2016年的实施与适用情况进行了连续两年的跟踪调研与评估。2017年4月18日，中国人民大学法学院在北京发布了《新〈环境保护法〉四个配套办法实施与适用评估报告（2016年）》，受到了社会的广泛关注。人民网、新华网、澎湃新闻、界面新闻等网络媒体，法制日报、检察日报、中国环境报、京华时报、新京报、南方周末等报刊，以及中央人民广播电台、北京人民广播电台交通之声等媒体对2016年的评估成果发布会以及评估成果进行了报道，引发了社会各界对四个配套办法实施情况的热烈讨论。

时至今日，新《环境保护法》及其配套办法已经实施3年，环境执法已经取得一定成效。尤其是2017年，经中央环保督查，环境执法力度空前加

新《环境保护法》四个配套办法实施与适用评估报告（2015—2017年）

大，环境执法案件数量和强度也达到了新的高度。为了继续考察四个配套办法在2017年的实施与适用情况，由中国人民大学法学院竺效教授领衔的课题组，对该四个配套办法2017年的实施与适用情况继续进行评估。为了更加客观、全面地评估四个配套办法在新一年的实施与适用情况，课题组在延续前两年评估方案的基础上，结合2017年的新情况，增加重要督查活动对四个配套办法执法影响的分析，以回应社会对环保督查的广泛关注。

课题组根据截至2017年12月底所收集到的全国32个地区2017年1月至12月期间的环境违法案件数据，并结合2015年、2016年各月32个地区环境违法案件数据，对四个配套办法的实施情况与效果进行了比较分析。鉴于本次评估为第三方独立评估，其性质为学术研究，在不影响到评估定性分析的前提下，根据研究科学性、规范性和严谨性的需求，课题组对所收集到的案件数据进行了必要的筛选，去除因无法识别案件必备要素等导致缺乏被评估基本条件的案件，即根据案例数据质量对案件是否纳入本次评估对象进行必要筛选。例如，虽然西藏自治区有公布的执法案件数量，但因课题组无法及时掌握具体案件信息，为确保评估工作按统一标准和既定技术线路开展，且能保证按计划时间完成，课题组在案件数据处理时，将西藏自治区的案件数量以0计算。但这仅是一种学术判断。因此，本研究报告所统计的案件总数为38 343件。[①]

在本研究项目实施过程中，环境保护部环境监察局局长田为勇、副局长闫景军、处罚处处长姬钢、副调研员李铮和干部张侃等对案例、数据的调取给予了大力支持，在此表示感谢！

受制于任务时间紧、数据统计量大、各类数据格式和数据质量参差不齐，以及课题组研究水平有限，本报告存在错误和不足之处在所难免，恳请尊敬的读者和同行海涵并指正。

---

① 环境保护部公布的2017年案件总数为39 593件（统计截至2018年1月）。

一、2017年四个配套办法适用与实施概况

（一）全年五类案件总数持续大幅增长

2017年1月—12月，全国五类案件[①]2017年的总数为38 343件，较2016年增长76.39%、较2015年增长225.6%。其中，适用按日连续处罚措施的案件共1 160件，较2016年增长19.09%、较2015年增长62.24%；罚款数额达111 419.9万元，较2016年增长31.36%、较2015年增长95.63%。适用查封、扣押措施的案件共17 971件，较2016年增长86.77%、较2015年增长328.80%。适用限产、停产措施的案件共8 444件，较2016年增长62.04%、较2015年增长171.86%。移送行政拘留的案件共8 093起，较2016年增长103.96%、较2015年增长289.27%。移送涉嫌环境污染犯罪案件共2 675件，较2016年增长36.27%、较2015年增长58.75%。（详见图1-1）

相对而言，适用查封、扣押措施的案件较2016年和2015年的增长率，均居五类案件首位，增长率分别为86.77%和328.80%；而较2016年增长率最低的为适用按日连续处罚措施类案件，为19.09%，较2015年增长率最低的为移送涉嫌环境污染犯罪类案件，为58.75%。

[①] 本报告延续2016年对评估对象和范围的选用标准，对涉嫌犯罪移送公安机关的案件基本情况进行分析。故本报告中部分评估内容涵盖适用四个配套办法的案件与涉嫌犯罪移送公安机关的案件这五类案件（以下将其简称为"五类案件"）。

新《环境保护法》四个配套办法实施与适用评估报告（2015—2017年）

图 1-1　2017年五类案件较2015、2016年变化情况

比较而言，2017年在全国范围内，适用五类措施的案件占总案件数的比例情况与2016年基本一致。仍为适用查封扣押措施的案件数量最多，占总案件数的46.87%；适用限产停产措施案件数占比位居第二，占总案件数的22.02%；而适用按日连续处罚措施的案件占比最低，仅占3.03%。（详见图1-2）

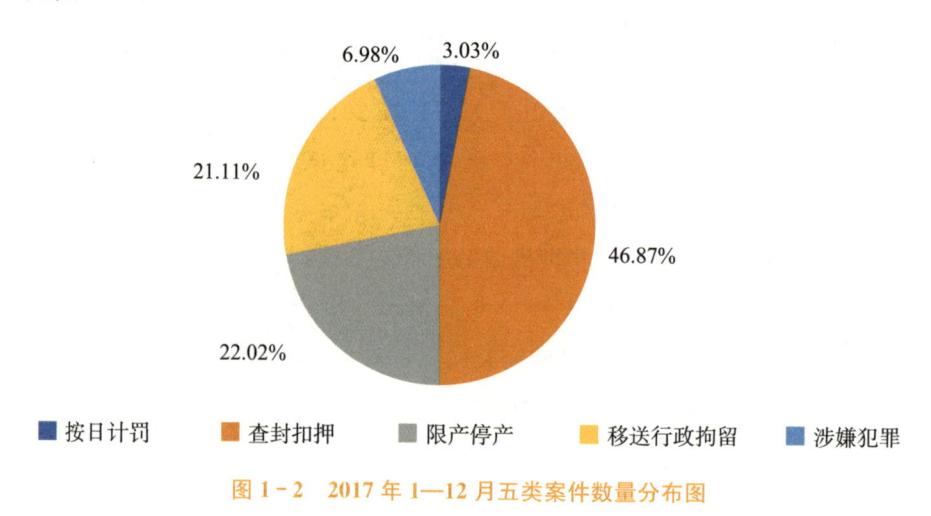

图 1-2　2017年1—12月五类案件数量分布图

一、2017 年四个配套办法适用与实施概况

(二) 适用四个配套办法的案件数多在波动中攀升

如前所述，2017 年适用四个配套办法的案件数量，从类型横向比较而言，存在较大差距。其中，按日连续处罚案件数量最少，且各月案件数波动最小，全年平稳增长，12 月份较 1 月份涨幅为 85.45%。但除按日连续处罚外，适用查封扣押、限产停产、移送行政拘留三类措施的案件数量均存在个别月份的较大波动。

2017 年度，在四类案件中，查封、扣押案件数量最多，且案件数量波动也相对最为明显。具体而言，5 月和 9 月的查封、扣押案件数量最多，均为 2 251 件。从 1 月（466 件）到 5 月（2 251 件），案件数量增长了 383.05%。分析比较上半年的增长趋势，适用查封扣押措施的案件数量在上半年的 2—3 月的增长速度最快，为 141.65%。

限产、停产和移送拘留的按月案件数量变化趋势及波动情况相似，两类案件的数量峰值均出现在 5 月和 8 月。两类案件数量最多的月份，与 1 月份案件数量比较而言，涨幅分别为 230.53% 和 449.5%。（详见图 1-3）

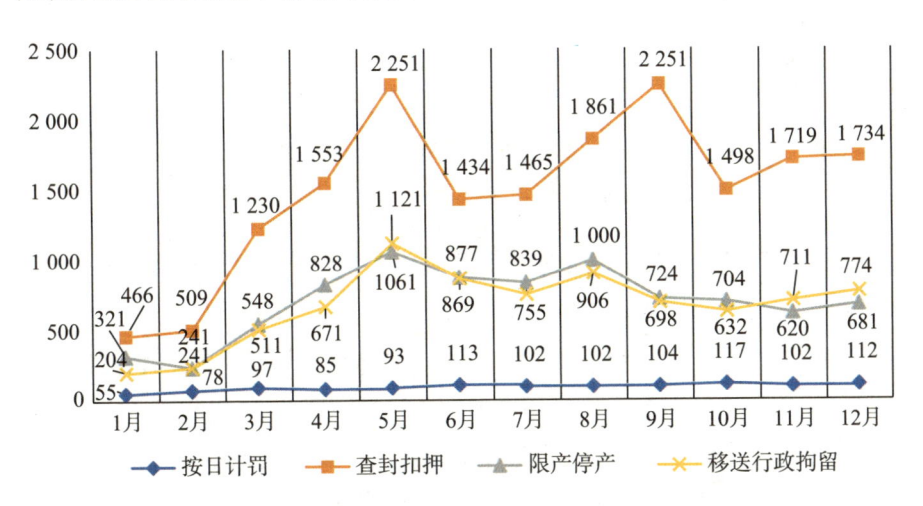

图 1-3　2017 年全国适用四种执法措施案件数月度变化图

三年四类案件总数逐月比较可见，2015—2017 年 36 个月中四类案件的

新《环境保护法》四个配套办法实施与适用评估报告（2015—2017 年）

数量总体呈增长态势。连续 36 个月中，2016 年 2 月案件总数最少，仅 383 件，案件数量少于 2015 年 2 月的 605 件。将 2017 年各月四类案件总数与前两年比较可知，除 2017 年 12 月案件数量 3 301 件，低于 2016 年 12 月的 3 880 件，但高于 2015 年的 1 535 件之外，2017 年 1—11 各月份的四类案件总数均为三年中最高，可见，2017 年的整体执法力度有明显加强。2015 年和 2016 年的案件数量峰值均出现在 12 月，并且案件数量最大增长幅度（案件最多的月份较案件数量最少月份的案件数量涨幅）分别为 427.49% 和 980.78%。2017 年的案件数量峰值出现在 5 月，案件数量最大增长幅度为 332.70%。（详见图 1-4）

图 1-4 2015—2017 四类案件总数月度变化趋势图

从整体趋势来分析，实施四个配套办法 3 年以来，适用查封扣押措施的案件数量远远高于其他三类措施的案件数量；适用按日连续处罚措施的案件数量相对最少。同期比较而言，2015 年和 2016 年案件数量峰值均出现在第四季度；2017 年情况略有变化，即按日连续处罚的案件数量峰值出现在第四季度，而其他三类案件的数量峰值却出现在第二或第三季度。比较 3 年间四类案件的季度总数，就其中季度总数最多较之最少的涨幅而言，按日连续处罚的案件数量增长 550.72%；查封扣押的案件数量增长 696.71%；限产停产的案件数量增长 733.13%；移送行政拘留的案件数量增长

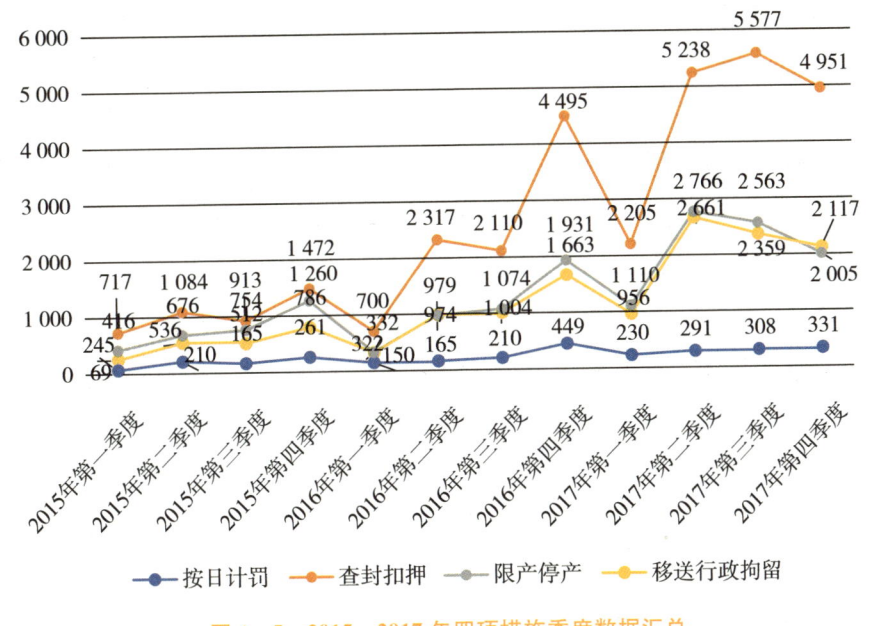

一、2017年四个配套办法适用与实施概况

986.12%。(详见图1-5)

图1-5 2015—2017年四项措施季度数据汇总

(三) 案件数量大体上从东往西、从沿海到内陆逐渐递减

2017年1—12月，全国范围内32个地区（新疆生产建设兵团的案件单独统计）实施新《环境保护法》的四个配套办法的案件数的地域分布并不均匀。对四个配套办法规定的四种执法措施的案件与涉嫌犯罪移送公安机关的案件进行统计分析可见，案件数量最少的3个地区是西藏自治区0件、青海省91件和新疆生产建设兵团94件。案件数量在100—500件的地区有8个，包括海南省、宁夏回族自治区、天津市、上海市、云南省、重庆市、贵州省和黑龙江省，这其中既包括经济发达的沿海地区，如上海市、天津市，也有经济相对不发达的中西部地区。案件数量在501—1 000件的地区有10个，分别是内蒙古自治区、新疆维吾尔自治区、广西壮族自治区、辽宁省、甘肃省、吉林省、湖北省、北京市、河北省和江西省。案件数量

新《环境保护法》四个配套办法实施与适用评估报告（2015—2017年）

1 001—3 000件的地区共7个，分别是河南省、湖南省、四川省、山西省、陕西省、福建省和山东省。而案件总数排名靠前的4个地区分别是安徽省3 029件、广东省3 431件、江苏省3 765件和浙江省4 217件，这四个省份均为位于东部地区。

2017年，全国范围内32个地区适用五种措施的案件数量大体上呈现从东部往西部、沿海地区到内陆地区逐渐递减态势。（详见图1-6）

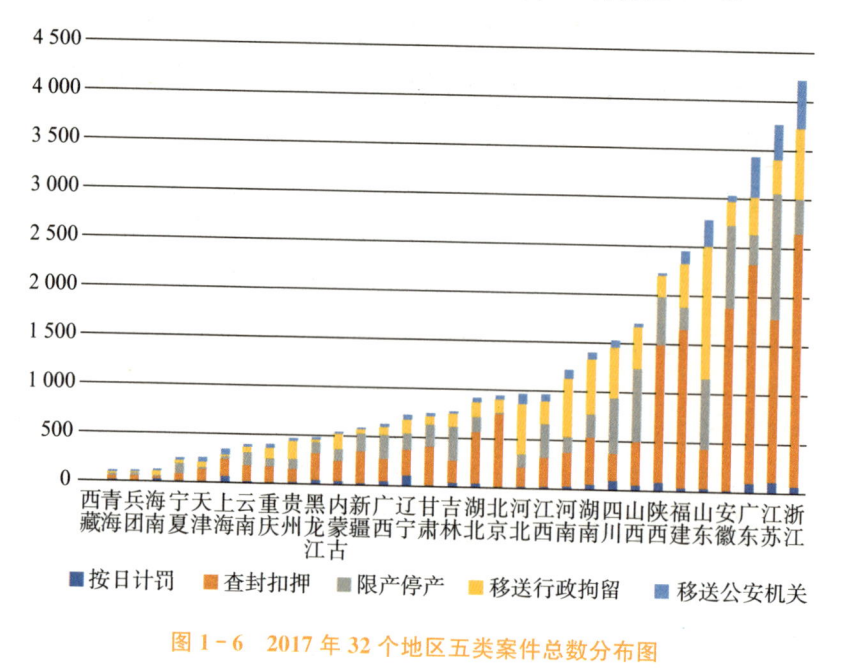

图1-6　2017年32个地区五类案件总数分布图

比较2015年、2016年、2017年适用四个配套办法的案件总数，全国32个地区中，有26个地区的案件数量均呈逐年增加的态势，占比81.25%。（详见图1-7）

2015—2017年三年，全国32个地区案件数量总体呈现东南多的分布特点。其中，三年案件总数最多的五个地区为福建省5 258件、安徽省5 297件、江苏省6 380件、广东省7 602件和浙江省9 945件，这五个地区均位于东部沿海的华东、华南地区。案件数量2 001—5 000件的省份共7个，分别是湖北省2 046件、四川省2 148件、湖南省2 512件、山西省2 780件、

一、2017年四个配套办法适用与实施概况

河南省 2 872 件、陕西省 3 385 件和山东省 4 314 件。案件数量 1 001—2 000 件的地区共 7 个，分别是吉林省 1 028 件、甘肃省 1 396 件、内蒙古自治区 1 489 件、辽宁省 1 546 件、河北省 1 629 件、北京市 1 590 件和江西省 1 913 件。案件数量 1—1 000 件的地区共 13 个，三年案件总数少于 200 件的 4 个地区分别为西藏自治区 1 件、青海省 136 件、海南省 139 件和新疆建设兵团 139 件。（详见图 1-8）

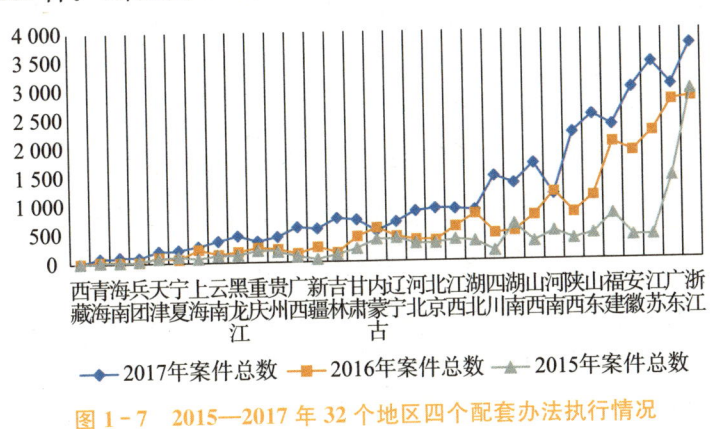

图 1-7　2015—2017 年 32 个地区四个配套办法执行情况

图 1-8　2015—2017 年 32 个地区五类案件总数分布图

131

新《环境保护法》四个配套办法实施与适用评估报告（2015—2017 年）

（四）三类案件执法信息公开进步步伐放缓

2014 年新环保法新增规定了信息公开的内容，为了贯彻落实信息公开规则，《按日连续处罚办法》第 4 条、《查封扣押办法》第 7 条和《限产停产办法》第 4 条分别就信息公开作出了相关规定。信息公开是《环境保护法》，也是配套办法的重要制度，信息公开条款的执行情况，也是配套办法实施与适用情况评估的重要考察指标。

1. 执法信息公开优劣明显，总体公开率超六成

本报告将"信息公开率"界定为各地上报数据中明确标明已经公开的案件数与该类案件总数的比率。[①] 根据对地方上报数据的分析和统计，因西藏的数据缺乏比较基础而暂不作比较外，2017 年，全国 31 个地区执行上述三个配套办法的信息公开规定的总公开率为 67.4%，各地区执行信息公开情况较 2016 年 73.4% 的公开率有所下降（均以各地上报时填报的数据为准进行比较）。

2017 年，对可比的全国 31 个地区三大类（31×3＝93 个省区级对比单元）的案件信息公开率分类统计而言，河南省按日计罚、查封扣押和限产停产三类案件的执法信息公开率均为 100%。单个省级行政区的单类执法案件（即省区级对比单元）的信息公开率为 100% 的还包括：北京市的按日连续处罚案件和限产停产案件；天津市的按日连续处罚案件；上海市的按日连续处罚案件和限产停产案件；以及新疆生产建设兵团按日连续处罚案件。可见，93 个省区级对比单元执法案件的信息完全依法公开的仅占约 9.68%（详见图 1-9）。相较而言，与 2016 年的 9.68%（9/93）持平，较之 2015 年的 7.53%（7/93）有微弱进步。

2017 年，多数省区的单类案件的信息公开率为 96.77%—25%。其中，

---

① 但不排除各地填报后后续又公开案件信息的情形发生，鉴于本报告作为第三方开展的科研性评估，本研究报告统一以各地上报时填报的数据为准，进行统一横向比较和评估。特此说明。

一、2017年四个配套办法适用与实施概况

青海省的三类案件的信息公开率均低于40%。信息公开率80%以上的省区级对比单元有41个，占93个可对比单元中的44.09%；信息公开率60%以上的省区级对比单元有65个，占比69.89%。（详见图1-9）

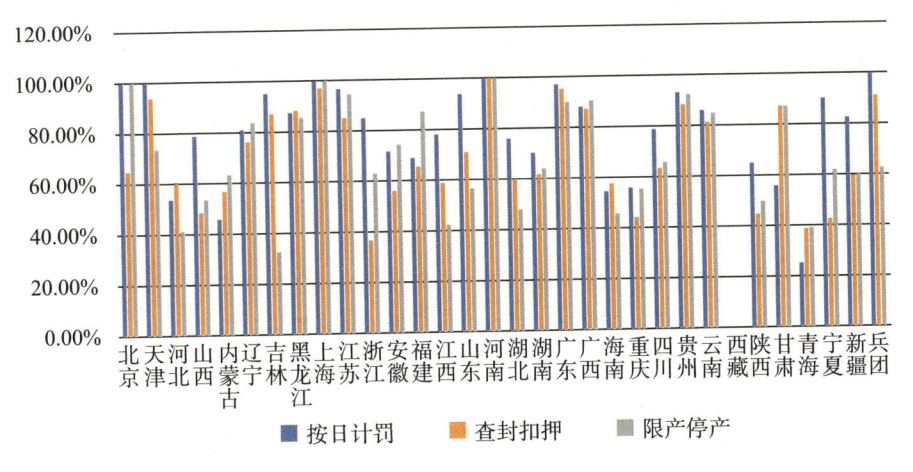

图1-9 2017年32个地区三类案件信息公开率

结合2015年、2016年情况分析，可以发现，除西藏外，2015—2017年全国32个地区三类案件的整体信息公开率在50%以下的有青海和江西2个地区；河南、广西、贵州、广东和北京5个地区的信息公开率在80%以上，其中河南省三年的三类案件的执法信息公开率高达98.32%。（详见图1-10）

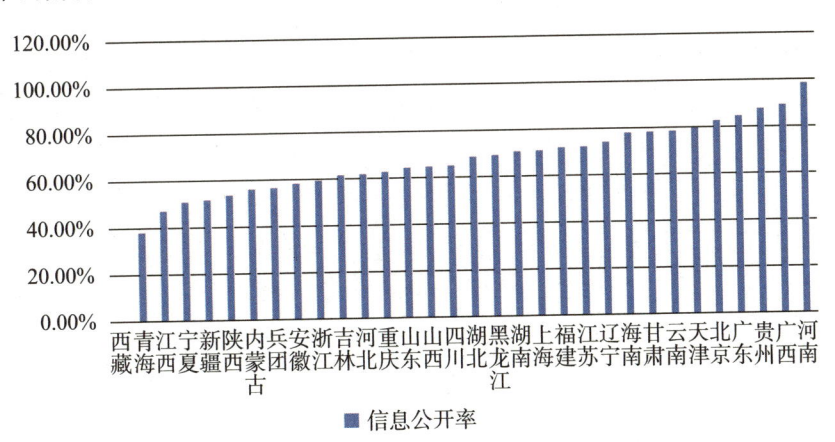

图1-10 2015—2017年32个地区三类案件信息公开率

133

2. 2017年三类案件信息公开率"有涨有跌"

就全国范围而言,2017年按日计罚、查封扣押和限产停产三类案件信息公开情况较2016年和2015年"有涨有跌"。具体而言,按日连续处罚案件的信息公开情况在2015—2017年三年间呈现持续增长的态势,2017年全年的按日连续处罚案件信息公开率为81.6%。查封扣押的案件信息公开率则出现下降,2017年全年的信息公开情况低于2015年和2016年,仅为65.7%。2017年限产停产的案件信息公开率为69.10%,高于2015年的59.11%,但低于2016年的72.70%。(详见图1-11)

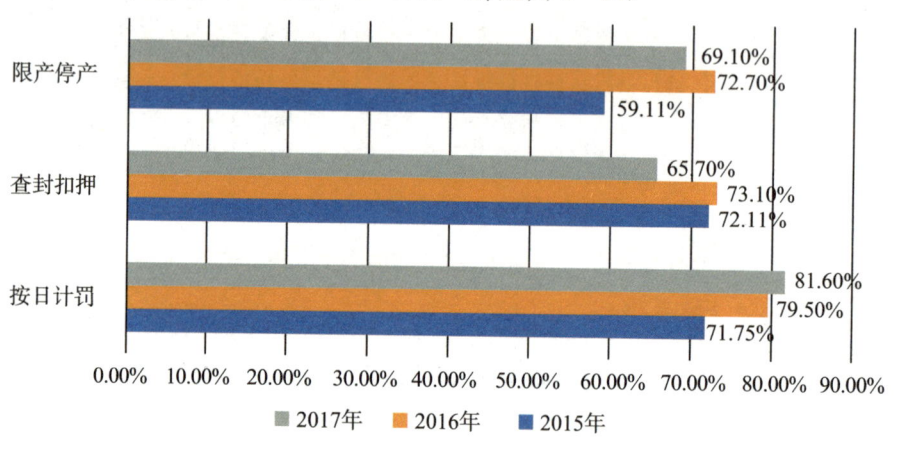

图1-11 2015—2017年三类案件信息公开率

2015—2017年信息公开率逐年上涨的地区共6个,分别是河南省、广东省、天津市、江苏省、黑龙江省和甘肃省。2015—2017年三类案件执法信息公开率逐年降低的地区为北京市、陕西省、湖南省和福建省。虽然2016年信息公开率较2015年有所下降,但2017年较2016年信息公开率上升的地区共5个,分别是上海市、新疆生产建设兵团、四川省、内蒙古自治区和山西省。除西藏自治区外,三年间三类案件年度信息公开率最低的是宁夏回族自治区2015年的信息公开率,仅18.99%。(详见图1-12)

一、2017年四个配套办法适用与实施概况

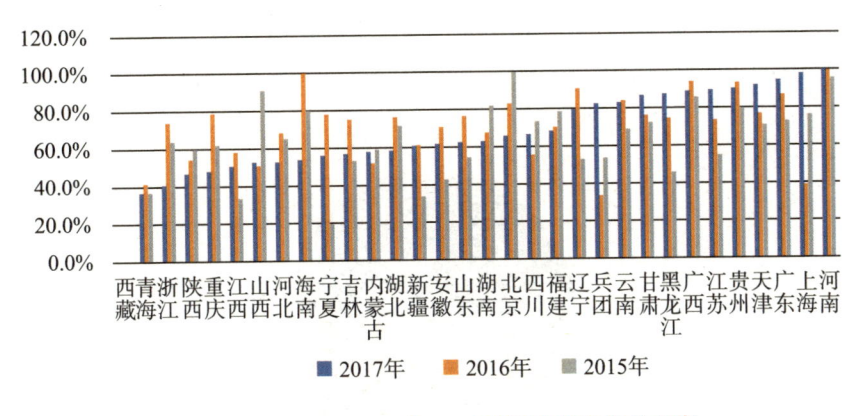

图1-12 2015—2017年32个地区全年信息公开率

3. 环境执法案件信息以网络公开为主

各地上报数据显示，信息公开途径呈现出常规和灵活相结合的方式。主要信息公开途径包括政府信息公开网站、环保局网站、社会网站、电视、报纸等途径。与2015—2016年31个地区（不含西藏）上报信息中提及的公开途径类似，2017年各地区较为常用的方式是通过地方人民政府环境保护主管部门网站或地方人民政府信息公开网进行公开，其中通过环境保护主管部门网站公开信息的案件数量占多数，为44.9%。

在所有信息公开案件中有22.31%的案件虽然依法进行公开，但对其具体公开途径课题组暂时无法从公开渠道获知。在可统计归类的案件中，超过70%的案件是通过网络公开的。地方环境保护主管部门通过网络对案件信息进行公开，便于公众在第一时间获取案件信息，较大程度和较高效地保障了公众的知情权和监督权。环保部门网站公开比例是三种网络公开途径中占比最大的，为44.9%。通过电视、报纸等传统媒体进行信息公开的案件数在2017年下降到0.14%，其中通过电视进行信息公开的案件数仅占公开案件总数的0.05%；纸媒的公开率仅为0.09%。7.03%的案件通过公告栏、微博、微信等方式进行信息公开，较2016年增长约6倍。这既表明新媒体在公开环境执法信息中的作用逐渐凸显，而传统媒体在环境执法信息公开中的作用极小；同时也值得质疑，公告栏作为传统的信息公开方式，

135

新《环境保护法》四个配套办法实施与适用评估报告（2015—2017年）

因受其公开范围、公开时间等客观因素的影响，只有特定范围的公众能在特定时间和地点获取公开信息，如果以其作为唯一的执法信息公开方式，必然落伍于时代。（详见图1－13）

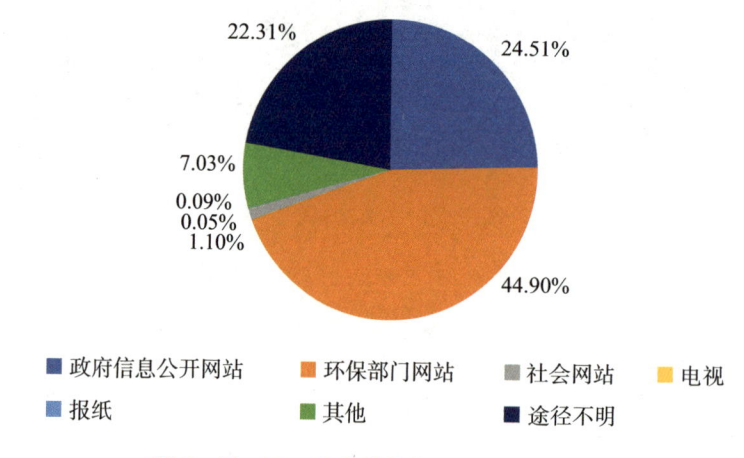

图1－13　2017年各类信息公开方式占比情况

注："其他"包括政府公告栏、公告屏、微博、微信、曝光台等途径。

二、2017年四个配套办法的适用与实施特点

(一) 四个配套办法的适用集中于特定违法行为

整体而言,四个配套办法所规定的各类适用情形均在2017年的实践中出现。但比较近三年的实施情况可发现,各配套办法所规定的各种情形并非均衡得以适用,四个配套办法均呈现出某些情形的相对集中适用。

1. 按日连续处罚适用集中于"超标、超总量排污"的违法行为

《按日连续处罚办法》第二章适用范围规定了两种适用情形。其中,第5条明确规定了五种具体的适用情形。① 就2017年适用各法定情形的案件数量而言,适用最多的是5.1超标或超总量排污案件,共823件。次之则是5.5其他违法排放污染物行为案件,共211件。而"其他违法排放污染物行为"多表现为无排污许可证而排放污染物、无污染防治设施而排放污染物、拒不改正违法排放行为等违法行为。另外,依据《按日连续处罚办法》第6

---

① 《按日连续处罚办法》第5条规定:"排污者有下列行为之一,受到罚款处罚,被责令改正,拒不改正的,依法作出罚款决定的环境保护主管部门可以实施按日连续处罚:(一)超过国家或者地方规定的污染物排放标准,或者超过重点污染物排放总量控制指标排放污染物的;(二)通过暗管、渗井、渗坑、灌注或者篡改、伪造监测数据,或者不正常运行防治污染设施等逃避监管的方式排放污染物的;(三)排放法律、法规规定禁止排放的污染物的;(四)违法倾倒危险废物的;(五)其他违法排放污染物行为。"在本课题研究中,我们分别将其记为5.1、5.2、5.3、5.4和5.5。(图2-1)。

新《环境保护法》四个配套办法实施与适用评估报告（2015—2017年）

条[①]的规定，2017年适用由地方性法规增加规定的其他情形的案件数量为42件，较2016年的12件增加30件，但主要集中于上海市，2017年适用此情形的案件数量达37件。（图2-1[②]）

比较2017年、2016年与2015年，除适用5.2暗管排放、篡改伪造数据、不正常运行设施、逃避监管行为的案件数量每年均有下降，2017年降至66件，除适用5.3排放法律、法规规定禁止排放的污染物的案件数量有升有降外，其他四种适用情形的案件数量均呈上升趋势，其中，适用5.1超标或超总量排污案件数量增长最多。

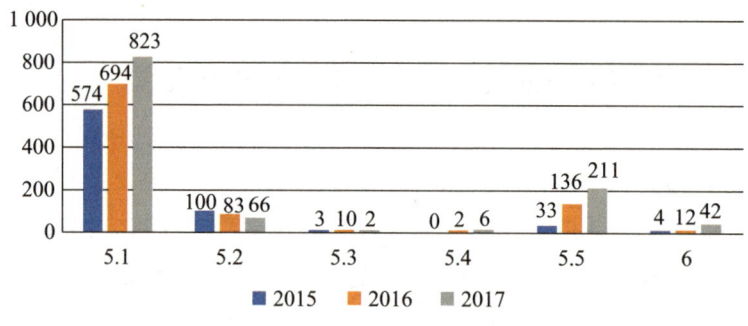

图2-1 《按日连续处罚办法》规定适用情形的实施情况

2. 查封扣押适用集中于"其他违法排污行为"

《查封扣押办法》第4条规定了六种适用查封扣押措施的情形。[③] 2017

[①] 《按日连续处罚办法》第6条规定："地方性法规可以根据环境保护的实际需要，增加按日连续处罚的违法行为的种类。"

[②] 由于各地区上报案件质量参差不齐，有些案件未写明"违法行为"与"适用情形"，仅对可以判断具体适用情形的案件进行分析统计，故本图中各条款适用情形总和不等于按日连续处罚案件总数。以下图2-2、图2-3、图2-4、图2-5、图2-6同理。

[③] 《查封扣押办法》第4条第1款规定："排污者有下列情形之一的，环境保护主管部门依法实施查封、扣押：（一）违法排放、倾倒或者处置含传染病病原体的废物、危险废物、含重金属污染物或者持久性有机污染物等有毒物质或者其他有害物质的；（二）在饮用水水源一级保护区、自然保护区核心区违反法律法规规定排放、倾倒、处置污染物的；（三）违反法律法规规定排放、倾倒化工、制药、石化、印染、电镀、造纸、制革等工业污泥的；（四）通过暗管、渗井、渗坑、灌注或者篡改、伪造监测数据，或者不正常运行防治污染设施等逃避监管的方式违反法律法规规定排放污染物的；（五）较大、重大和特别重大突发环境事件发生后，未按照要求执行停产、停排措施，继续违反法律法规规定排放污染物的；（六）法律、法规规定的其他造成或者可能造成严重污染的违法排污行为。"在课题研究中，我们分别将其记为4.1、4.2、4.3、4.4、4.5和4.6。（图2-2）

二、2017年四个配套办法的适用与实施特点

年,适用4.4"通过暗管、渗井、渗坑、灌注或者篡改、伪造监测数据,或者不正常运行防治污染设施等逃避监管的方式违反法律法规规定排放污染物的"和4.6"法律、法规规定的其他造成或者可能造成严重污染的违法排污行为"进行查封扣押的案件相对较多,分别为4 719件、11 210件;而案件数最少的是适用4.5"较大、重大和特别重大突发环境事件发生后,未按照要求执行停产、停排措施,继续违反法律法规规定排放污染物的"情形,为29件。另外,还有498件案件无法根据已收集到的资料确定其适用的具体条款,但可确定适用第4条。

比较2015年、2016年、2017年查封扣押领域的六种具体适用情形的案件数量,适用4.2"在饮用水水源一级保护区、自然保护区核心区违反法律法规规定排放、倾倒、处置污染物的"案件数量,适用4.3"违反法律法规规定排放、倾倒化工、制药、石化、印染、电镀、造纸、制革等工业污泥的"案件数量和适用4.5"较大、重大和特别重大突发环境事件发生后,未按照要求执行停产、停排措施,继续违反法律法规规定排放污染物的"案件数量有升有降,但变化不大。其余三种适用情形的案件数量均有所上升。其中,适用4.6"法律、法规规定的其他造成或者可能造成严重污染的违法排污行为的"案件数量增加最多,2017年较2016年增加6 005件。(详见图2-2)

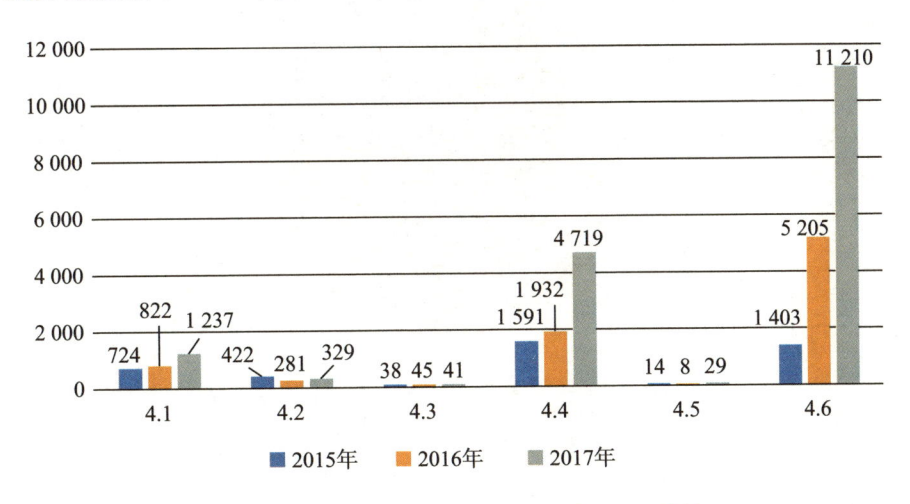

图2-2 《查封扣押办法》规定适用情形的实施情况

新《环境保护法》四个配套办法实施与适用评估报告（2015—2017 年）

比较可见，在 2017 年查封扣押措施类案件中，有 62% 的案件适用了"其他"情形。具体而言，"其他"违法行为包括未进行环评审批、未批先建、无排污许可证排污、违反三同时、无污染防治设施、禁燃区使用高污染燃料的燃煤锅炉等行为。

3. 限产停产适用集中于"法律、法规规定的其他情形"

《限产停产办法》规定了三个不同层次的执法措施，即限制生产、停产整治和停业关闭，三类措施的严厉程度依次逐步增强。就 2017 年而言，案件数最多的是停产整治类案件，共 6 362 件；其次是限制生产案件，共 1 988 件；而适用停业关闭措施的案件数量最少，共 114 件。相比 2016 年适用限产停产措施三种情形的案件数量，除停业关闭措施外，2017 年各类案件数量均有所上升，其中适用限制生产措施的案件数量上升 612 件，适用停产整治案件数量上升 3 580 件。相较 2016 年，2017 年全国适用停业关闭措施案件数量下降 87 件，从一定程度上反映了停产整治措施能够实现改正环境违法行为的目的，能够威慑违法者不再违法，故无须再采取更加严厉的"停业关闭"措施。（详见图 2-3）

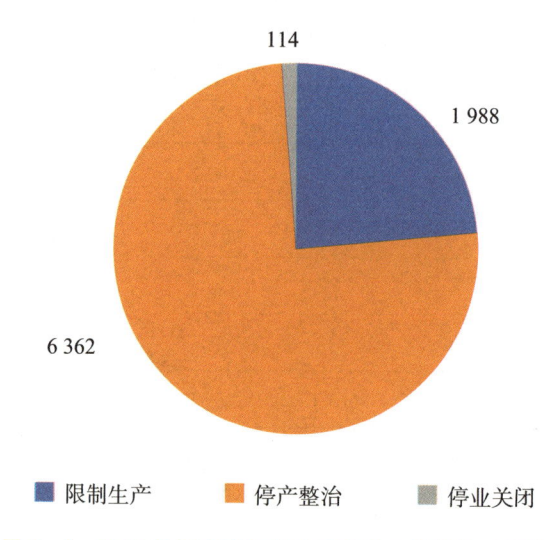

图 2-3　2017 年限产停产办法规定的三类措施适用情况

二、2017年四个配套办法的适用与实施特点

具体而言,《限产停产办法》第5条规定了限制生产的两种适用情形,即排污者"超过污染物排放标准"(图2-4中标为5.1)和"超过重点污染物日最高允许排放总量控制指标"(图2-4中标为5.2)。[①] 从数量上分析,与2015年和2016年适用情况相似,违法企业因为"超过污染物排放标准"而被处以限制生产的案件数为1 345件,远远超过了适用"超过重点污染物日最高允许排放总量控制指标"的4件案件的数量。另外,还有639件案件无法确定适用的具体条款但确定适用了第5条。

《限产停产办法》第6条规定了六种适用停产整治措施的情形。[②] 其中,适用6.6"法律、法规规定的其他情形"的案件数量最多,共4 298件;其次是适用6.1"逃避监管的方式超标排放污染物"的案件数,共1 356件。而相较于2015年和2016年,适用6.3所规定"超过重点污染物排放总量年度控制指标排放污染物的"案件数量在2016年大幅下降263件后,案件数量有所回升,从2016年的59件增加至2017年的104件,但仍少于2015年的案件数量。同时,适用情形6.4"被责令限制生产后仍然超过污染物排放标准排放污染物的"和6.5"因突发事件造成污染物排放超过排放标准或者重点污染物排放总量控制指标的"案件数量依旧较少,为104件和43件。而适用6.6"法律、法规规定的其他情形"的案件中,多以未环评、未批先建、超标排污、无防污措施、无证排污等行为为主,与前两年情形基本相同。另外,还有338件案件无法判明具体所适用的情形,但确

[①] 就《限产停产办法》第5条规定的两种适用情形,在课题研究中,我们分别将排污者"超过污染物排放标准"和"超过重点污染物日最高允许排放总量控制指标"记为5.1和5.2。(见图2-4)

[②] 《限产停产办法》第6条规定:"排污者有下列情形之一的,环境保护主管部门可以责令其采取停产整治措施:(一)通过暗管、渗井、渗坑、灌注或者篡改、伪造监测数据,或者不正常运行防治污染设施等逃避监管的方式排放污染物,超过污染物排放标准的;(二)非法排放含重金属、持久性有机污染物等严重危害环境、损害人体健康的污染物超过污染物排放标准三倍以上的;(三)超过重点污染物排放总量年度控制指标排放污染物的;(四)被责令限制生产后仍然超过污染物排放标准排放污染物的;(五)因突发事件造成污染物排放超过排放标准或者重点污染物排放总量控制指标的;(六)法律、法规规定的其他情形。"在课题研究中,我们将这六种适用情形依次记为6.1、6.2、6.3、6.4、6.5、6.6。(图2-4)

新《环境保护法》四个配套办法实施与适用评估报告（2015—2017 年）

定适用了第 6 条。

《限产停产办法》第 8 条规定了适用停业、关闭措施的四种情形。[①] 与 2016 年适用情况有所不同，适用 8.4 "法律法规规定的其他严重环境违法情节的"案件数大量减少，只有 12 件；而适用 8.2 "被责令停产整治后拒不停产或者擅自恢复生产的"的案件数量则较 2016 年有所回升，为 61 件，但仍少于 2015 年的 300 件。此外，2017 年与 2015 年情况相同，仍然没有适用 8.3 "停产整治决定解除后，跟踪检查发现又实施同一违法行为的"案件，也仅有 1 个适用 8.1 "两年内因排放含重金属、持久性有机污染物等有毒物质超过污染物排放标准受过两次以上行政处罚，又实施前列行为的"案件。另外，还有 40 个案件无法确定具体适用情形，但确定适用了第 8 条。（图 2 - 4）

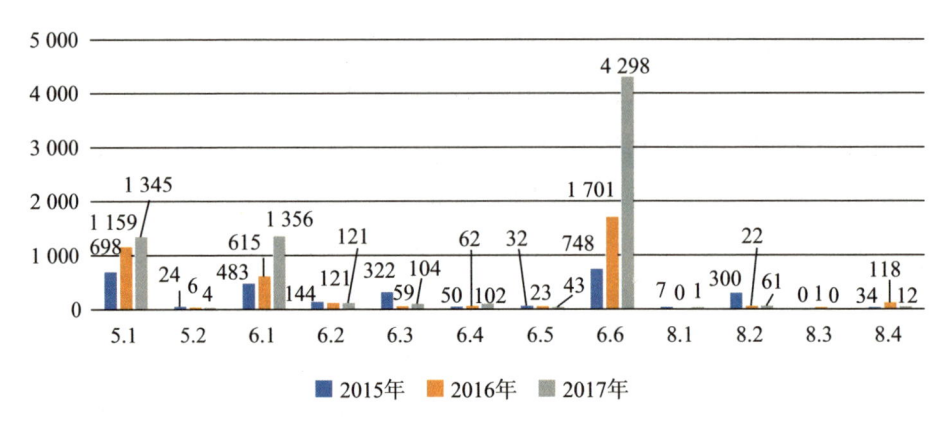

图 2 - 4 《限产停产办法》适用情况

---

① 《限产停产办法》第 8 条规定："排污者有下列情形之一的，由环境保护主管部门报经有批准权的人民政府责令停业、关闭：（一）两年内因排放含重金属、持久性有机污染物等有毒物质超过污染物排放标准受过两次以上行政处罚，又实施前列行为的；（二）被责令停产整治后拒不停产或者擅自恢复生产的；（三）停产整治决定解除后，跟踪检查发现又实施同一违法行为的；（四）法律法规规定的其他严重环境违法情节的。"在课题研究中，我们将这四种适用情形依次记为 8.1、8.2、8.3、8.4。（图 2 - 4）

142

二、2017年四个配套办法的适用与实施特点

4. 移送拘留适用集中于"以逃避监管方式违法排污"的行为

新《环境保护法》第63条①规定了移送行政拘留的四种情形,就2017年全国范围的适用而言,63.3"逃避监管的方式违法排放污染物"的行为在实践中最为常见,共移送行政拘留6 505起;其次为63.2无证排污被责令停止拒不改正行为,共移送行政拘留1 049起;最少的则为63.1未环评审批排污被责令停止拒不改正行为,共移送行政拘留540起。与2015年和2016年的情形相比,2017年三类移送行政拘留行为的案件数量均有所上升。(图2-5)

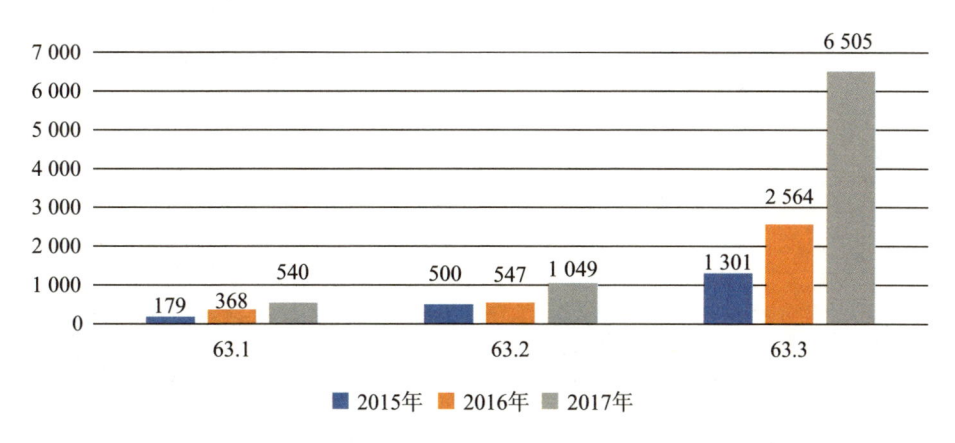

图2-5 移送行政拘留三类适用情形

---

① 《环境保护法》第63条规定:"企业事业单位和其他生产经营者有下列行为之一,尚不构成犯罪的,除依照有关法律法规规定予以处罚外,由县级以上人民政府环境保护主管部门或者其他有关部门将案件移送公安机关,对其直接负责的主管人员和其他直接责任人员,处十日以上十五日以下拘留;情节较轻的,处五日以上十日以下拘留:(一)建设项目未依法进行环境影响评价,被责令停止建设,拒不执行的;(二)违反法律规定,未取得排污许可证排放污染物,被责令停止排污,拒不执行的;(三)通过暗管、渗井、渗坑、灌注或者篡改、伪造监测数据,或者不正常运行防治污染设施等逃避监管的方式违法排放污染物的;(四)生产、使用国家明令禁止生产、使用的农药,被责令改正,拒不改正的。"在课题研究中,我们将这六种适用情形依次记为63.1、63.2、63.3、63.4(图2-5)。另外,由于63.4由农业部门管理与统计,因而在本报告中不予考虑。

新《环境保护法》四个配套办法实施与适用评估报告（2015—2017年）

具体而言，《移送行政拘留办法》第 5 条、第 6 条、第 7 条[①]是对新《环境保护法》第 63.3 条的细化，具体规定了以逃避监管方式违法排污行为适用行政拘留的 14 种情形。如图 2-6 所示，2017 年适用《移送行政拘留办

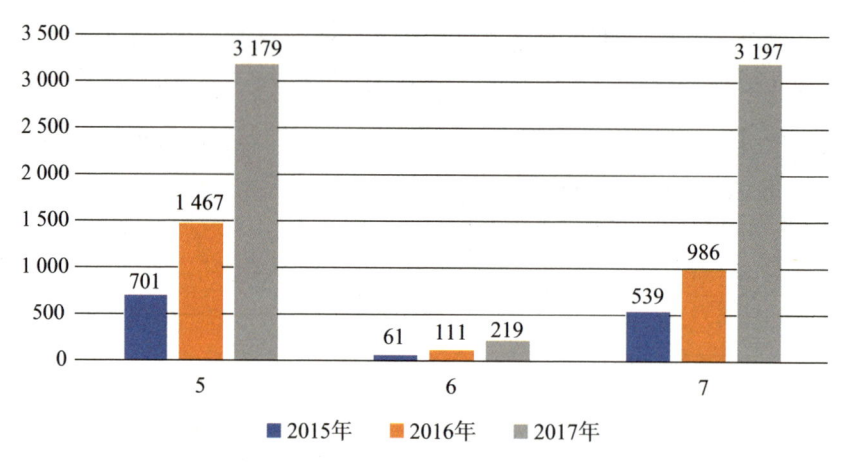

图 2-6 《移送行政拘留办法》第 5 条、第 6 条、第 7 条实施情况

---

① 《移送行政拘留办法》第 5 条规定："《环境保护法》第六十三条第三项规定的通过暗管、渗井、渗坑、灌注等逃避监管的方式违法排放污染物，是指通过暗管、渗井、渗坑、灌注等不经法定排放口排放污染物等逃避监管的方式违法排放污染物；暗管是指通过隐蔽的方式达到规避监管目的而设置的排污管道，包括埋入地下的水泥管、瓷管、塑料管等，以及地上的临时排污管道；渗井、渗坑是指无防渗漏措施或起不到防渗作用的、封闭或半封闭的坑、池、塘、井和沟、渠等；灌注是指通过高压深井向地下排放污染物。"

第 6 条规定："《环境保护法》第六十三条第三项规定的通过篡改、伪造监测数据等逃避监管的方式违法排放污染物，是指篡改、伪用于监控、监测污染物排放的手工及自动监测仪器设备的监测数据，包括以下情形：（一）违反国家规定，对污染源监控系统进行删除、修改、增加、干扰，或者对污染源监控系统中存储、处理、传输的数据和应用程序进行删除、修改、增加，造成污染源监控系统不能正常运行的；（二）破坏、损毁监控仪器站房、通讯线路、信息采集传输设备、视频设备、电力设备、空调、风机、采样泵及其他监控设施的，以及破坏、损毁监控设施采样管线，破坏、损毁监控仪器、仪表的；（三）稀释排放的污染物故意干扰监测数据的；（四）其他致使监测、监控设施不能正常运行的情形。"

第 7 条规定："《环境保护法》第六十三条第三项规定的通过不正常运行防治污染设施等逃避监管的方式违法排放污染物，包括以下情形：（一）将部分或全部污染物不经过处理设施，直接排放的；（二）非紧急情况下开启污染物处理设施的应急排放阀门，将部分或者全部污染物直接排放的；（三）将未经处理的污染物从污染物处理设施的中间工序引出直接排放的；（四）在生产经营或者作业过程中，停止运行污染物处理设施的；（五）违反操作规程使用污染物处理设施，致使处理设施不能正常发挥处理作用的；（六）污染物处理设施发生故障后，排污单位不及时或者不按规程进行检查和维修，致使处理设施不能正常发挥处理作用的；（七）其他不正常运行污染防治设施的情形。"

二、2017年四个配套办法的适用与实施特点

法》第5条、第6条、第7条规定情形的案件占比结构与2015年和2016年的相似,最为常见的均为第5条规定的通过暗管、渗井、渗坑、灌注等逃避监管的方式违法排污情形,而篡改、伪造监测数据等逃避监管的方式违法排污情形相对最少。

(二) 四个配套办法适用的地域性特征凸显

2017年全国范围内实施四个配套办法呈地域性特征。除案件数量大体由东向西递减外,就实际执行的主体的层级而言,适用四个配套办法的案件大部分由基层环保机构执行;比较京津冀、长三角和珠三角地区而言,四个配套办法适用覆盖范围不一。

1. 县级环保机构普遍适用四个配套办法

2017年,除西藏外,全国31个省、直辖市、自治区的地市级环保机构基本适用情况与2016年的相似。(图2-7)

图2-7 全国各地市案件总数

截至2017年年底,除19个偏远的自治州和特别的地市级区域(如海南三沙市、兵团建工师、农三师等)外,做到了四个配套办法在全国地市级环保机构的执法普遍适用。与2016年相比,2016年全国31个省、直辖市、自治区的地市级环保机构中,只有北京、天津、陕西、上海、江苏、重庆六地区行政辖区域内所有地市级(以上)环保机构实施了四个配套办法。

新《环境保护法》四个配套办法实施与适用评估报告（2015—2017年）

就县（区）级环保机构的执法适用而言，截至2017年11月底，全国除西藏68个县（区）、其他省（区、市）的91个少数民族自治县外，其余所有县（区）均已有适用《环境保护法》四个配套办法的执法案件。

2. 京津冀、长三角和珠三角区域适用配套办法有进有退

以按日连续处罚、查封扣押、限产停产、移送行政拘留、涉嫌犯罪移送公安五类案件为分析对象，京津冀地区、长三角地区和珠三角地区（以下简称"三大区域"）案件总数达14 048件，占全国范围内案件总量的36.64%。横向比较可见，长三角地区的案件数量居三大区域首位（图2-8）。这与2016年的情形基本相同。

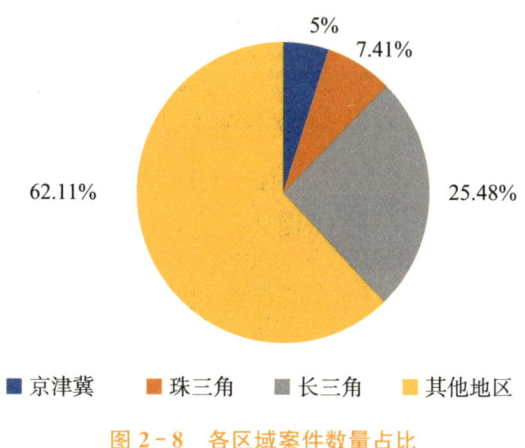

图2-8　各区域案件数量占比

具体而言，京津冀地区的城市群包括北京市、天津市、河北省（11市），共13个城市。除了北京市的案件数量为944件之外，其余12个城市的案件数量均不超过300件。其中，案件数量相对较少的是河北省的邢台市和承德市，案件数量分别为18件和12件。而案件数量在100—300件的城市只有3个，分别是天津市251件、保定市106件和唐山市131件。其余城市案件数量均未超过100件。与2016年案件数量相比，只有邢台市案件数量下降，其余城市的案件数量均有不同程度的上升。（见图2-9）

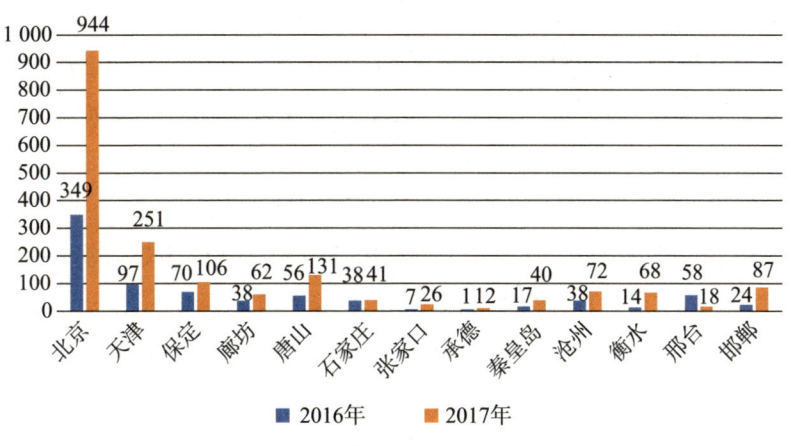

二、2017年四个配套办法的适用与实施特点

图 2-9 京津冀城市群五类案件数量

长三角地区的城市群分布在上海市、江苏省、浙江省和安徽省,共26个城市。长三角地区城市案件数量超过100件的城市共21个,其中,案件数量较多的5个城市分别是台州市(1 381件)、南通市(951件)、无锡市(795件)、绍兴市(519件)和苏州市(558件)。舟山市案件数量最少,为46件。案件数量未到100件的城市是抚州市53件、铜陵市75件和泰州市81件。与2016年相比,大多数城市案件数量都有不同程度的增长,只有泰州市、滁州市、金华市、常州市的案件数量有所下降。(见图2-10)

图 2-10 长三角地区五类案件数量

147

新《环境保护法》四个配套办法实施与适用评估报告（2015—2017年）

珠三角地区的城市群集中在广东省，共 14 个城市，案件数量分布具有两极分化的特征。案件数量超过 100 件的城市有 8 个，分别是广州市 819 件、深圳市 285 件、佛山市 160 件、东莞市 234 件、中山市 501 件、江门市 187 件、肇庆市 169 件和惠州市 137 件。而案件数量较少的城市是：河源市（14 件）、清远市（59 件）、珠海市（48 件）、汕尾市（46 件）、云浮市（34 件）和阳江市（53 件）。与 2016 年相比，12 个城市的案件数量都有不同程度的增加，但东莞市和云浮市的案件数量都有明显的下降，其中云浮市的案件数量由 2016 年的 228 件减少为 2017 年的 34 件，减幅最大。（见图 2-11）

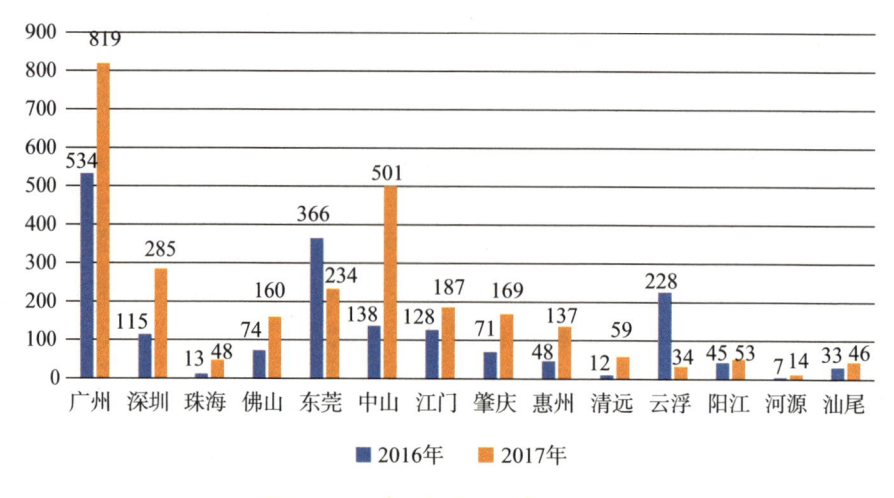

图 2-11　珠三角地区五类案件数量

（三）涉水污染、大气污染违法案件数量较多

课题组尝试对 2017 年所收集的适用四个配套办法的案件按环境要素进行分类研究。① 但能够判明案件所涉主要环境要素种类的仅 22 512 件，不能

---

① 因涉嫌犯罪移送公安机关的案件的环境要素无法准确识别，故未统计在内。

二、2017年四个配套办法的适用与实施特点

够判明案件所涉主要环境要素种类的有14 031件。① 本部分以上述22 512件案件为研究对象,对案件涉及的环境要素进行分析。统计的环境要素种类包括大气、水、危险废物、固体废物、噪声和其他。其他类的环境要素指重金属、放射性物质、有毒物质。与2016年相比,能够判明案件所涉主要环境要素种类的案件数量增加了10 448件。

涉及水污染和大气污染的案件数量占所有可统计环境要素案件的90.79%,分别为10 646件和9 793件。噪声案件和危险废物案件数量居中,分别为600件和986件,固体废物案件377件,涉及其他类型的环境要素为110件。与2016年相比,涉及危险废物的案件数量大幅增加,其他环境要素的案件数量比例基本得以维持。(图2-12)

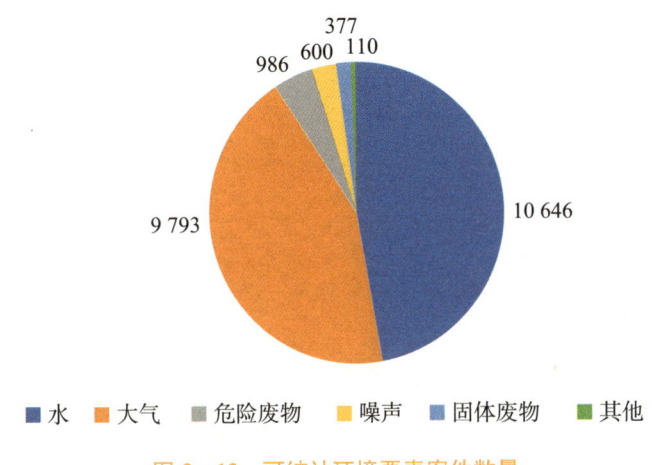

图2-12 可统计环境要素案件数量

如图2-13所示,水环境要素污染案件的数量较大气环境要素污染案件的数量多。除西藏自治区外,其他31个地区的两类案件数量相差较大。具体而言,涉及水环境要素的案件数量在100件以下的地区有8个,分别是新疆生产建设兵团、青海、天津、上海、海南、宁夏、黑龙江和云南;100—200件的地区有10个;200—500件的地区有5个;500—1 000件的地区有

---

① 由于部分案件涉及多个环境要素,对此部分案件进行重复统计,故能够判明环境要素的案件数量与不能够判明环境要素的案件数量之和大于四类案件总数。

新《环境保护法》四个配套办法实施与适用评估报告（2015—2017年）

5个；1 000件以上的有3个地区，分别是广东（1 127件），浙江（1 214件）和江苏（1 456件）。可见，水环境要素污染案件多分布在沿海省份。

除西藏自治区外，其余31个地区涉及大气环境要素的案件数量分布情况为：100件以下的地区有7个；100—200件的地区有7个；200—500件的地区有9个；500—1 000件的地区有6个，1 000件以上的2个。大气环境要素污染案件数量较多的5个地区分别是：安徽省（1 096件）、江苏省（1 086件）、陕西省（707件）、广东省（685件）和山东省（634件）。

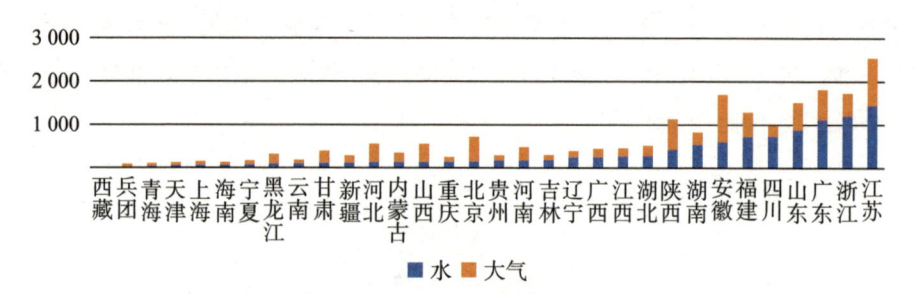

图2-13　32个地区水、大气污染案件数量

三、2017年四个配套办法适用与实施的效果

(一) 环境违法行为反弹率整体较低

1. 整体违法反弹率较低，四个配套办法作用显著

本报告所称"违法反弹率"，指某一地区违法企业被处以按日连续处罚、查封扣押、限产停产、行政拘留某一种处罚后，再次被处以行政处罚或被采取行政强制措施的比例。违法反弹率直接反映某一地区内排污企业守法情况和环境行政执法效果。课题组将此次评估的反弹率设定为反弹违法企业数除以违法企业总数乘以百分之百，即反弹率＝反弹违法企业数/违法企业总数×100%。以按日连续处罚为例，按日连续处罚的反弹率，则等于被处以按日连续处罚，解除后又被处以行政处罚或被采取强制措施的企业数除以被处以按日连续处罚的企业总数乘以百分之百。

据统计，2017年全国32个地区依据四个配套办法被处罚（强制）的企业总数为33 436家，较2016年被处罚（强制）的19 050家企业数增加了75.52%，而被重复处罚（强制）的企业总数为1 192，较2016年547家企业增加了1.18倍。经计算可知，全国范围内违法反弹率较低，仅为3.57%，但较2016年2.86%的反弹率略有上升。但课题组认为，这与2017年各级环保部门进一步贯彻实施四个配套办法有关，在被处罚企业增加75.52%的情况下违法反弹率仅增加0.71%，实属不易。

2. 按日连续处罚对违法行为的震慑力较强，违法反弹率大幅下降

2017年的总体反弹率较2016年有略微上升，2015年、2016年、2017年三年的总体反弹率呈现持续缓慢上升状态。值得一提的是，三年来，按日连续处罚的反弹率持续快速下降，从2015年的15.79%到2016年的9.81%，再到2017年的3.23%，可见，按日连续处罚措施所发挥的威慑环境违法者，预防环境违法行为的作用日益显著。查封扣押、限产停产、移送行政拘留的企业违法行为反弹率均略有上升。

如图3-1所示，总体反弹率的上升以及查封扣押、限产停产、移送行政拘留反弹率的回升，与2017年查封扣押、被限产停产和移送行政拘留案件总数大幅增加，查封扣押、限产停产和移送行政拘留措施进一步得以贯彻适用有一定关联，但各项反弹率均处于一个较低水平。

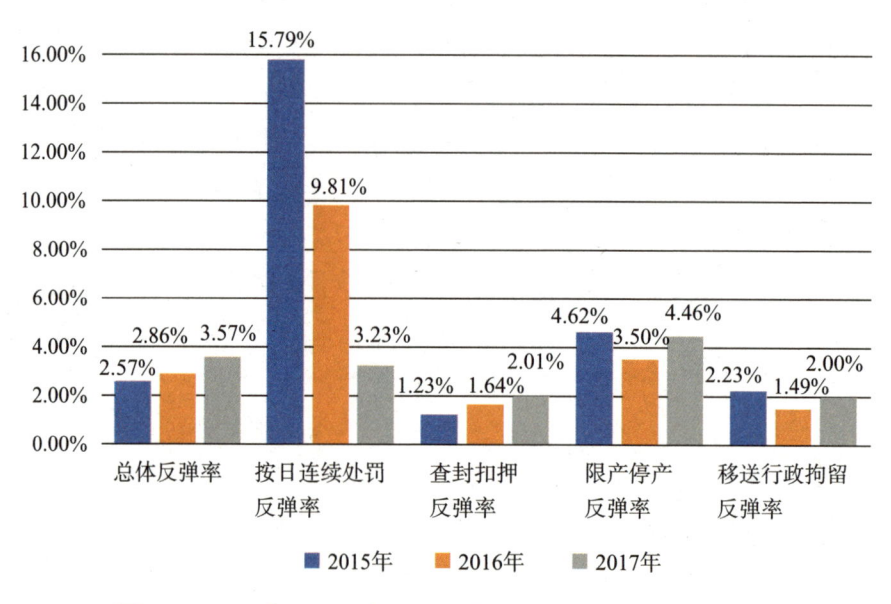

图3-1 2015年、2016年和2017年企业违法行为反弹率比较图

三、2017年四个配套办法适用与实施的效果

3. 个别案件数量少的地区违法反弹率却较高，执法力度和效果有待改善

2017年，北京、天津、河北、上海、江苏、浙江、安徽、福建、山西、山东、湖南、海南、贵州、云南、陕西、宁夏、新疆、新疆生产建设兵团18个地区企业违法反弹率比2016年有所增长，且上海、安徽、福建、海南、宁夏、新疆生产建设兵团的违法反弹率增加均超过了4%。其余14个地区反弹率均有所下降，其中山西、内蒙古、吉林、黑龙江、河南、青海六地下降幅度相对较大。（见图3-2）

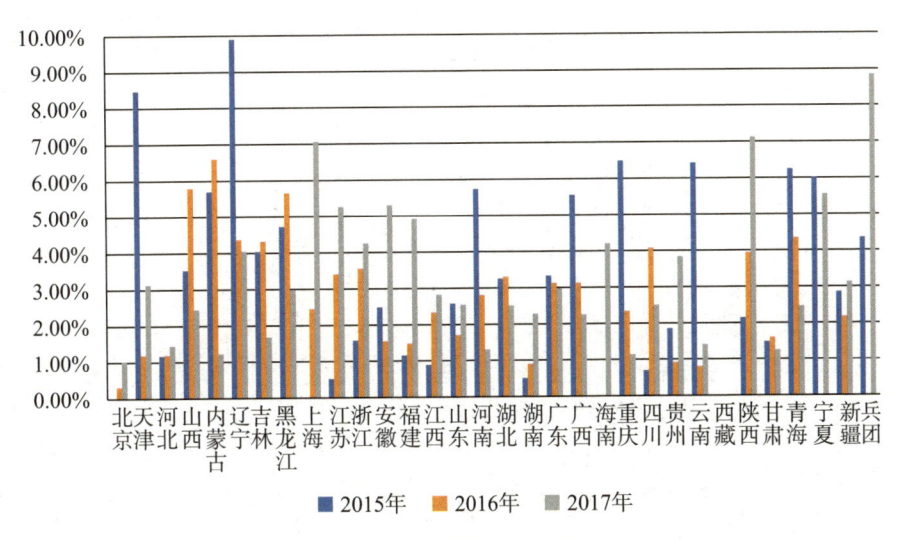

图3-2 全国32个地区企业违法行为反弹率

2017年，全国32个地区违法企业反弹率均低于9%，且有27个地区反弹率低于5%。新疆生产建设兵团反弹率相对最高，为8.86%；其次是陕西省，为7.13%（见图3-3）。可见，全国范围内，整体而言，违法企业反弹率相对较低，四个配套办法的实施发挥了打击环境违法行为、威慑排污者再犯的作用，取得了持续性的成效。

结合2017年32个地区执行四个配套办法的案件总数进行分析，反弹率相对较高（4%以上）的地区，如新疆生产建设兵团、上海、宁夏、海南、辽宁等，其执行四个配套办法的案件总数却相较其他地区为低，尤其是新

疆生产建设兵团、海南、宁夏、上海等地区的四个配套办法案件年度总数均低于 500 件。据此，课题组建议上述企业违法反弹率较高且案件数较低的地区，未来须重点研究如何提升环境执法的力度，以遏制反复违法行为。

图 3-3　2017 年全国 32 个地区总体反弹率和四类案件数量情况

4. 四个配套措施威慑力度不一，移送行政拘留反弹率最低

就按日连续处罚、查封扣押、限产停产、行政拘留四个配套措施而言，限产停产措施的违法反弹率最高，为 4.46%；按日连续处罚、查封扣押、行政拘留措施的反弹率分别为 3.23%、2.01%、2.00%。四种配套措施的反弹率均低于 5%，说明这四种措施可以有效威慑环境违法行为，达到较好惩治违法企业、震慑违法者继续违法的效果。（图 3-1）

就各地区比较而言，按日连续处罚措施反弹率最高的三个地区为宁夏回族自治区、安徽省、浙江省，反弹率分别为 33.33%、21.43%、

三、2017年四个配套办法适用与实施的效果

19.61%。查封扣押措施反弹率最高的地区为新疆生产建设兵团，达17.95%。限产停产措施反弹率较高地区包括天津市（11.76%）、辽宁省（11.72%）等。行政拘留处罚措施反弹率较高的地区有安徽省（20.07%）、上海市（14.29%）等。尤其值得注意的是，在前述违法反弹率排序中，安徽省的四种配套措施的违法反弹率均位居"前三甲"（按日连续处罚措施反弹率排第2位，为21.43%；查封扣押措施反弹率排第3位，为6.83%；限产停产措施反弹率排第3位，为9.61%；行政拘留处罚措施反弹率排第1位，为20.07%）。（图3-4）

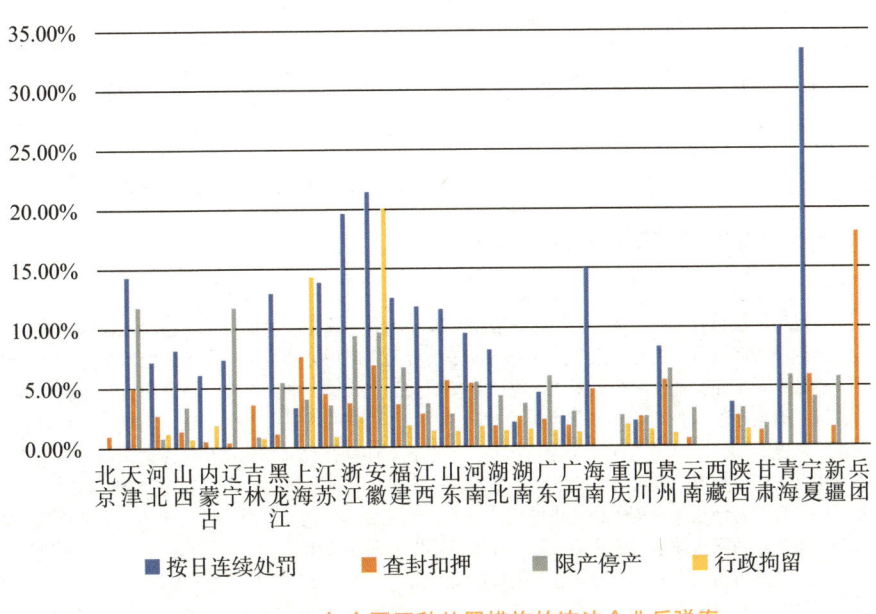

图3-4　2017年全国四种处罚措施的违法企业反弹率

（二）环保执法较好地运用了"组合拳"

本报告中，环保执法"组合拳"是指环境行政机关为及时制止环境违法行为，严厉惩治环境违法者，对同一违法者在同一自然年度的同一或多

新《环境保护法》四个配套办法实施与适用评估报告（2015—2017年）

个违法行为，同时或先后采取两项或两项以上的环保配套措施。①

1. "组合拳"数量临近翻番，打拳省区"头尾"案件数差距巨大

2017年全国32个地区1 160件按日连续处罚案件、17 971件查封扣押案件、8 444件限产停产案件、8 093件移送行政拘留、2 675件移送犯罪的案件中，共处置33 436家企业（或个人）。据统计，环保机关共对2 360家企业（或个人）打出环保"组合拳"，较2016年的1 255家企业（或个人）而言，绝对数量翻了将近一番。其中，被采取2种组合措施的企业（或个人）最多，共2 118家，占89.75%；被采取3种组合措施的，共238家企业（或个人），占10.08%。此外，有4家企业（或个人）被采取了4种组合措施，但没有企业（或个人）被同时采取5种措施（见图3-5）。2017年环境执法中，各类组合拳所占比例布局与2016年的相似，其中同时被采取3种措施的占比有所增加，增长1.08%。

---

① 环境执法组合拳"狭义"上是指环境行政机关对同一违法者的同一违法行为，在同一自然年度内采取两项或两项以上的环保配套措施以制止违法行为，严厉惩治环境违法者。但鉴于课题组所掌握的案例数据识别相关要素的实际困难，将该定义扩大为"广义"的组合拳。广义组合拳包括四种情况，即同一自然年度内：(1) 环境行政机关对同一违法者的同一违法行为同时采取两项或两项以上的环保配套措施。如针对A企业不正常运行污染防治设施，环境行政机关查封其排污设施，并将主要责任人移送公安机关处以行政拘留。此案中环境行政机关采取查封措施与移送行政拘留措施相结合的组合拳。(2) 环境行政机关对同一违法者的同一违法行为先后采取两项或两项以上的环保配套措施。如针对B企业通过暗管排放水污染物的行为，环境行政机关责令其改正、处以罚款，并责令其停产整治，在复查时发现其行为仍未改正，对其处以按日连续处罚，并将主要责任人移送公安机关处以行政拘留。此案中环境行政机关采取停产整治、按日连续处罚与移送行政拘留措施相结合的组合拳。(3) 环境行政机关对其在同一时间发现的同一违法者的不同违法行为采取两项或两项以上的环保配套措施。如环境行政机关在对C企业的现场检查时发现，C企业不正常运行大气污染防治设备，超标排放大气污染物，并违法排放危险废物，对C企业的三种违法行为采取查封措施、停产整治措施、处以罚款，并移送行政拘留，复查时发现其未改正排污行为又对其处以按日连续处罚。此案中环境行政机关采取停产整治、查封扣押、按日连续处罚与移送行政拘留措施相结合的组合拳。(4) 环境行政机关对同一违法者的环境违法行为被查处后，行政相对人再违法的情形（包括再犯同一违法行为与出现新类型的后续违法行为），对之采取两项或两项以上的环保配套措施。如7月份D企业超标排污不改正被处以按日连续处罚措施，改正后9月份又被发现超标排污行为，被处以停产整治措施。此案中环境行政机关采取按日连续处罚与停产整治相结合的组合拳。若D企业改正恢复生产后，又于同年11月被发现其伪造监测数据，而被采取查封扣押措施，主要责任人被移送行政拘留。在这种情况下，此案中环境行政机关采取按日连续处罚、停产整治、查封扣押与移送行政拘留相结合的组合拳。

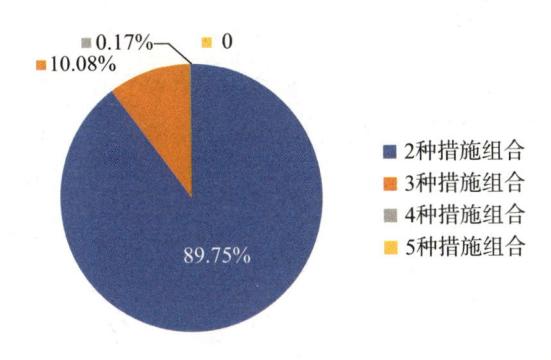

三、2017年四个配套办法适用与实施的效果

图3-5 2017年全国32个地区环保"组合拳"实施情况

注：环保"组合拳"措施包括：按日连续处罚、查封扣押、限产停产、移送行政拘留、涉嫌犯罪移送公安机关五种措施。

具体而言，实施环保"组合拳"数量最多的地区为广东省，共385件。其次是江苏省，数量为311件。暂不计算未上报运用了环保"组合拳"案例的新疆生产建设兵团和西藏自治区2个地区，"组合拳"案例排序前五位的广东、江苏、浙江、山东、湖南五个地区的"组合拳"总数，约为青海、北京、黑龙江、内蒙古、贵州"组合拳"总数的28倍；如果按前三位与除西藏、兵团外的末三位计算，则约为42倍。可见，"组合拳"运用存在巨大地域差距。（见图3-6）

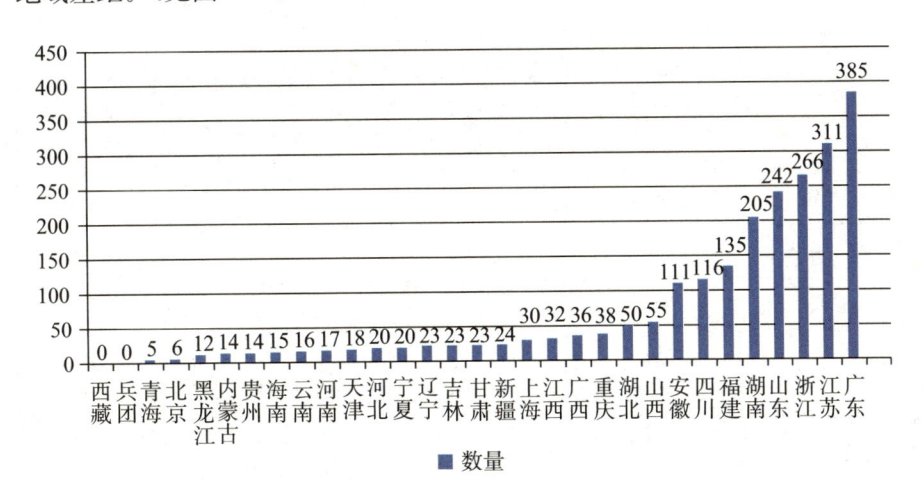

图3-6 2017年全国32个地区环保"组合拳"实施数量

157

2. 查封扣押成为"香饽饽",环保公安联动威慑力强

如表 3-1 所示,就"组合拳"的不同"套路"而言,两种措施组合的套路中,同时被采取查封扣押措施并移送行政拘留的企业(或个人)数量最多,为 560 次,可见,查封扣押措施与移送行政拘留措施的组合适用最为普遍。其次是查封扣押措施与限产停产措施的组合,为 427 次;而移送行政拘留与涉嫌犯罪移送公安机关的组合、查封扣押措施与涉嫌犯罪移送公安机关的组合数量也较多,分别为 350 次和 303 次。分析可知,被采取查封扣押措施的企业或个人环境违法行为均较为严重,查封扣押其环境违法设施、设备等具有辅助性功能,目的为立即制止违法行为,进一步调查其环境违法行为,最终决定限产停产或移送行政拘留,甚至涉嫌犯罪移送公安机关。

进一步分析可知,采取两种措施的"组合拳"中,有 61.95% 的案件采取了查封扣押措施。可见,作为一种行政强制措施,查封扣押在环境案件执法过程中具有重要地位。同时,查封扣押与其他的行政处罚措施配合使用的情况也比较常见。查封扣押措施与其他处罚措施并用的案件数量共计 1 520 件,占查封扣押案件总数的 8.46%。由此显示,查封扣押强制措施在实践过程中较好地配合了环境行政处罚等措施的适用,实现了新《环境保护法》增设该项制度的立法目标。

表 3-1　　2017 年全国 32 个地区两种措施组合的实施情况

	按日连续处罚	查封扣押	限产停产	移送行政拘留	涉嫌犯罪移送公安机关
按日连续处罚		22	122	21	7
查封扣押	22		427	560	303
限产停产	122	427		259	47
移送行政拘留	21	560	259		350
涉嫌犯罪移送公安机关	7	303	47	350	

三、2017年四个配套办法适用与实施的效果

查封扣押措施同时与其他四种处罚手段并用的情况在实践中并不存在；查封扣押措施与另外三种配套措施并用的情况在实践中有4个案件，分别是广东省3件，四川省1件。① 实践中，较为普遍的情况是查封扣押配合一种配套措施或者两种配套措施适用，并且以查封扣押配合一种配套措施的情况更为常见，共有案件1 312件。查封扣押配合两种配套措施使用的案件有204件，其中，查封扣押配合按日连续处罚、限产停产两种配套措施的案件有7件；配合按日连续处罚、移送行政拘留的有1件；配合限产停产、移送行政拘留的有92件；配合限产停产、涉嫌犯罪移送公安的有35件；另有69个案件是配合移送行政拘留、涉嫌犯罪移送公安的。

另外，采取两种措施的"组合拳"中，有56.19%的案件采取了移送行政拘留措施。值得注意的是，环保部门与公安部门协作执法对环境违法（犯罪）行为打击的重要作用。在两种措施"组合拳"总数中，运用移送行政拘留措施或涉嫌犯罪移送公安机关措施的案件占比达73.04%。可见，环保部门打出"组合拳"，仍需与公安机关协调合作，共同为保护环境、制止环境违法行为、预防环境污染作出贡献。

3. 两种组合措施案件数三年增长2.2倍，三种组合措施占比率上升最多

综合2015—2017年的情况分析，环境执法案件数量逐年上升，被处以环保"组合拳"的企业（或个人）数量也呈上升趋势。2017年环保机关共对2 360家企业（或个人）打出环保"组合拳"，较2015年的704家企业（或个人）增长235.23%，较2016年的1 255家企业（或个人）增长88.05%。但就各类环保"组合拳套路"的适用比例而言，3年的情况较为接近。环保机关打出环保"组合拳"的企业（或个人）占总被处罚企业（或个人）的比例为2015年6.8%，2016年6.6%，2017年7.06%，2017年略有增加。

---

① 例如，针对伪造监测数据逃避监管的方式排放污染物的违法行为，先实施查封扣押措施，接着实施限产停产措施，后对该企业相关负责人移送行政拘留，经调查，因涉嫌犯罪，该公司相关负责人被移送公安机关侦查追究刑事责任。

新《环境保护法》四个配套办法实施与适用评估报告（2015—2017年）

具体到"组合拳"各种"套路"的使用情况，2015年、2016年、2017年被采取两种组合措施的企业数量翻倍增长，由2015年的664家，增加到2016年的1 144家，到2017年则有2 118家企业被采取两种组合措施。三年来，被采取三种组合措施的企业数量由2015年的39家，增加到2016年的108家，再到2017年已上升至238家，2016年是2015年的3倍左右，2017年是2016年的2倍左右。被采取四种组合措施的企业数也在逐年增加，但是始终保持着较低的数量，2017年也仅有4家。三年中被采取五种组合措施的"大满贯"企业数量始终为0。（图3-7）

从各类组合措施占比的角度而言，三年来，被采取两种组合措施的占比逐年下降，从2015年的94.32%下降到了2017年的89.75%。而被采取三种组合措施的占比在逐年增长，已经从2015年的5.54%增长到了2017年的10.08%。就被采取四种组合措施而言，较之于2016年，2017年采取四种措施的占比略有下降，2017年，被采取四种组合措施的占比仅为0.17%。（见图3-8）

图3-7 2015年、2016年和2017年各类组合措施数量

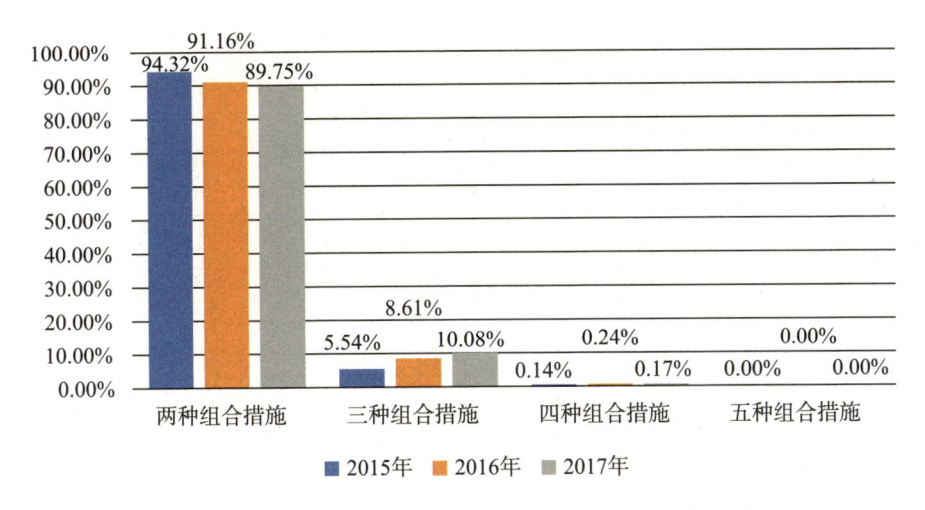

三、2017年四个配套办法适用与实施的效果

图3-8 2015年、2016年和2017年各类组合措施占比

2017年环保执法"组合拳"比例分布情况与2016、2015年的相似。被采取两种措施的企业（或个人）的数量均遥遥领先，但所占比例呈逐年下降趋势；同时，被采取三种措施的占比有所增加，2017年增长了1.47%，与2016年相比增幅减少。

(三) 环境执法数据与空气质量变化数据关系微妙

1. 部分$PM_{2.5}$浓度同比上升幅度较大的城市反而执法案件少

比较2017年各地区的案件数量可以发现，环境保护部统计的2017年$PM_{2.5}$浓度同比上升幅度较大的9个城市，其适用四个配套办法的案件数量却相对较少。9个城市中，鸡西市、伊犁州、双鸭山市、昌吉市、来宾市、贺州市和普洱市七个城市的案件数量均少于100件。而执法力度相对较大的城市，$PM_{2.5}$浓度同比上升幅度相对较小，甚至有明显的下降。案件数量最多的7个城市（案件数量多于500件），$PM_{2.5}$浓度同比平均下降7.43%。据课题组统计，全国地市级适用四个配套办法的案件平均数约为106件，而前述9个城市中有7个城市其案件数均远低于全国地级市平均水平，9个城

161

市的平均数约为72件。（见表3-2）

表3-2　　2017年$PM_{2.5}$浓度同比上升幅度较大城市与案件数量对比

序号	城市名称	省份	2016年浓度 $\mu g/m^3$	2017年浓度 $\mu g/m^3$	变幅	案件数量
1	鸡西市	黑龙江	28	43	53.60%	13
2	池州市	安徽	44	60	36.40%	153
3	伊犁州	新疆	41	51	24.40%	44
4	吉林市	吉林	42	52	23.80%	269
5	双鸭山市	黑龙江	34	42	23.50%	31
6	昌吉市	新疆	55	67	21.80%	90
7	来宾市	广西	41	48	17.10%	27
8	贺州市	广西	36	42	16.70%	20
9	普洱市	云南	24	28	16.70%	5
	平均数					72
参照数	全国平均					106

2. 配套办法执法力度与PM_{10}浓度同比上升幅度大体成反比

如表3-3所示，比较2017年各地区的案件数量可以发现，环境保护部统计的2017年PM_{10}浓度同比上升幅度较大的12个城市，其适用四个配套办法的案件数量却相对较少，虽然该12个城市的执法案件平均数（约109件）略高于全国平均水平，但其中有8个城市远低于全国地级市执法案件数平均水平。其中，鸡西市、克拉玛依市、伊犁州、毕节市、来宾市、贺州市、贵港市和安顺市的案件数量低于100件。由此可见，2017年，四个配套办法的行政执法力度与PM_{10}浓度同比上升幅度大体成反比关系。

三、2017年四个配套办法适用与实施的效果

表3-3　　2017年PM$_{10}$浓度同比上升幅度较大城市与案件数量对比

序号	城市名称	省份	2016年浓度 μg/m³	2017年浓度 μg/m³	变幅	案件数量
1	鸡西市	黑龙江	53	74	39.60%	13
2	池州市	安徽	66	89	34.80%	153
3	淮南市	安徽	85	107	25.90%	211
4	克拉玛依市	新疆	55	69	25.50%	10
5	亳州市	安徽	83	103	24.10%	274
6	伊犁州	新疆	68	83	22.10%	44
7	毕节市	贵州	43	52	20.90%	47
8	来宾市	广西	58	70	20.70%	27
9	阜阳市	安徽	88	106	20.50%	452
10	贺州市	广西	55	66	20.00%	20
11	贵港市	广西	55	66	20.00%	37
12	安顺市	贵州	38	45	18.40%	23
	平均数					109
参照数	全国平均					106

3."三大区域"环境质量改善，环境执法贡献明显

京津冀、长三角和珠三角地区（以下简称"三大区域"）是我国重要的经济、政治、文化发展地区，其环境质量的改善代表着我国环境问题解决的最优水平，该三大区域的城市空气质量改善情况也是重点考核对象，故课题组尝试对三大区域的环境执法情况与空气质量改善情况之间的关系进行一些分析。

（1）京津冀地区

京津冀城市群共13个城市。根据2016年和2017年的空气指数数据，2017年空气质量数据变化总体上有升有降，但是空气质量明显改善。由图3-7可见，与2016年相比，13个城市中，2017年空气污染指数出现上

163

新《环境保护法》四个配套办法实施与适用评估报告（2015—2017 年）

升的有承德市、邢台市和邯郸市，承德市、邢台市 $PM_{2.5}$ 平均浓度分别同比上升 1.2%、2.8%，而邯郸市 $PM_{2.5}$ 年平均浓度和 PM_{10} 年平均浓度，同比分别上升 2.6% 和 4.9%。这三个城市的年度案件数量分别是 12 件、18 件和 87 件，执行四个配套措施的案件数量均低于京津冀地区案件数量的平均值（143 件）。（见图 3-9）

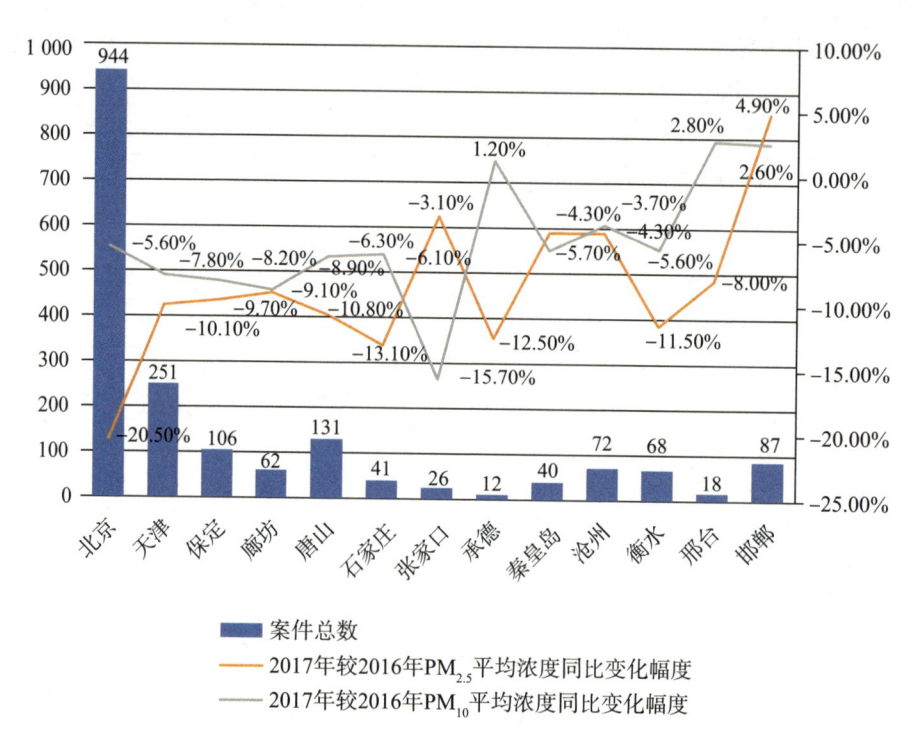

图 3-9 京津冀城市群 2017 年 PM 年平均浓度同比变化幅度及 2017 年五类案件数量

（2）长三角地区

长三角地区共 26 个城市。根据 2016 年和 2017 年的空气指数数据，2017 年空气质量数据变化总体上有升有降，但是空气质量明显改善。与 2016 年相比，2017 年长三角地区 26 个城市中，两类空气指数平均浓度均出现上升的有七个城市，分别是扬州市、马鞍山市、铜陵市、镇江市、安庆市、抚州市和池州市。其中，池州市的 $PM_{2.5}$ 平均浓度和 PM_{10} 平均浓度均

三、2017年四个配套办法适用与实施的效果

同比上升超过30%。铜陵市、镇江市和抚州市的$PM_{2.5}$平均浓度同比上升超过10%。马鞍山市、铜陵市、镇江市和安庆市的PM_{10}平均浓度同比上升超过10%。这七个城市的年度执行四个配套措施的案件数量，除镇江市，均少于长三角地区案件数量的平均值（373件）。（见图3-10）

图3-10 长三角地区2017年PM年平均浓度同比变化幅度及2017年五类案件数量

（3）珠三角地区

珠三角地区共14个城市。根据2016年和2017年的空气指数数据，2017年空气质量数据变化总体上有升有降，空气质量在一定程度上得到改善。与2016年相比，2017年珠海市、中山市、肇庆市和汕尾市的$PM_{2.5}$年平均浓度同比上升超过10%。佛山市、中山市、惠州市、清远市、云浮市和汕尾市的PM_{10}年平均浓度同比上升超过10%。上述八个城市中，除中山市，其余七市的执行四个配套措施的案件数量均低于珠三角地区城市平均案件数量（196件）。（见图3-11）

图 3-11　珠三角地区 2017 年 PM 年平均浓度同比变化幅度及 2017 年五类案件数量

总结而言，三大区域内，与 2016 年相比，2017 年 $PM_{2.5}$ 与 PM_{10} 年平均浓度上升的地区，其执行配套措施的案件数绝大多数低于该区域内的平均案件数。由此可见，三大区域内，环境质量的改善，与各地区积极执行四个配套办法，加大对环境违法行为的打击力度等密不可分。

（四）各个地区环境行政执法强度与该地区第二产业增加值"匹配"程度有所增加

按"三次产业分类法"划分，国民经济中的采矿业，制造业，电力、燃气及水的生产和供应业，建筑业等部门被称为第二产业。从第二产业的种类来分析，第二产业主要是能源消耗类产业，对环境质量的影响较大，也是环境执法的主要对象。因此，本报告拟以全国各省份第二产业增加值为参考数据，将之与 2017 年各地区执行四个配套办法案件数量进行比较研

三、2017 年四个配套办法适用与实施的效果

究。但由于国家尚未公布 2017 年全国各省份第二产业增加值，本报告中的全国各省份第二产业增加值均采 2016 年数据。

根据国家统计局公布的 2016 年 31 个省份的第二产业增加值，与各地区 2017 年适用四个配套办法的案件数量（新疆生产建设兵团的案件数量纳入新疆维吾尔自治区的案件总量中）进行比较可知，除个别省的情况较特殊以外，同期各地区五种配套措施执法案件的数量与第二产业增加值整体上具有相关性，即多数第二产业增加值高的地区的环境执法案件量也相对领先。（见图 3-12）

图 3-12 2017 年各地区案件数量和第二产业增加值对比图

第二产业增加值较大的排名前 5 位的地区，其 2017 年的五种配套措施案件数量基本上也排在全国前列。但也存在个别例外的情形。浙江省的案件数量最多，比山东省的案件数量多 786 件，但是山东省的第二产业增加值数值较浙江省多 13 915.05 亿元。此外，五种措施案件数量较少的排名末 5 位的地区，其第二产业增加值也相对处于全国较少的区段。例外情形是，甘肃省适用四个配套办法案件数量在全国 32 个地区中排名第 17 名，但其第二产业增加值排名却是全国第 27 名。（见表 3-4）

新《环境保护法》四个配套办法实施与适用评估报告（2015—2017年）

表3-4 部分地区2017年五种措施案件数量与第二产业增加值排名（正态）

地区	案件数量排名	第二产业增加值排名
浙江	第1	第4
江苏	第2	第2
广东	第3	第1
山东	第5	第3
福建	第6	第8
云南	第25	第21
宁夏	第28	第28
海南	第29	第30
青海	第30	第29
西藏	第31	第31

以第二产业增加值数值高低分区域来分析，第二产业增加值高于8 000亿元的地区，除上海市的环境执法案件数量为345件外，其余地区的环境执法案件数量均高于500件；第二产业增加值较高的排名前5的省份，其2017年的案件数量均高于1 000件，属于环境执法措施实施频率较高的地区。第二产业增加值数值排名最末的3个省份，其环境执法案件数量也相对较低，均低于110件。

本报告所称"环境执法强度得分"为环境行政执法案件数量除以第二产业增加值，再赋值为百分制。环境执法强度得分的数值越小，说明该地区执法强度越弱，即相较于该地区第二产业增加值，该地区环境行政执法强度有待加强。环境执法强度得分的数值越大，说明该地区环境行政执法强度与该地区第二产业增加值的"匹配"相对较好。如图3-13所示，环境行政执法强度较好的地区为山西省、甘肃省、安徽省、陕西省和浙江省。环境行政执法强度较差的地区中，得分低于10分的如天津市，其环境执法强度得分为8.29。需要指出的是，由于课题组对所收集到的案例根据必要要素进行了质量角度的筛选，故将西藏自治区的案件数量在本研究报告中

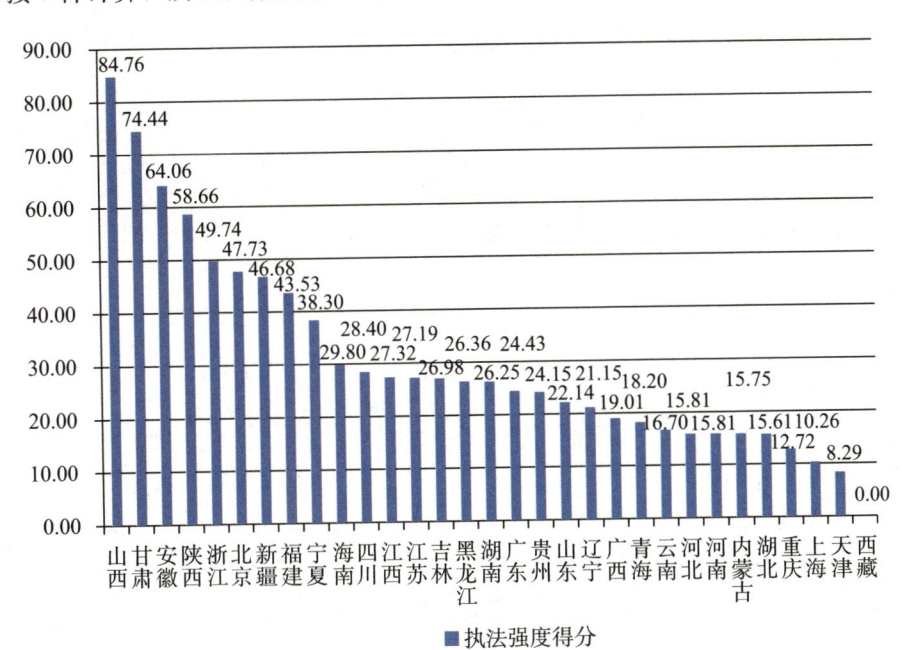

三、2017年四个配套办法适用与实施的效果

按0件计算，所以西藏自治区的执法强度相应得分为0分。

图 3-13 全国各地区环境执法强度得分图

第二产业主要是能源消耗类产业，对环境质量的影响较大，也是环境执法的主要对象，多数第二产业增加值高的地区的环境执法案件量也相对领先。与2016年相比，2017年各个地区环境行政执法强度与该地区第二产业增加值"匹配"程度有所增加，环境执法案件数量与第二产业增加值的比值相对增大，例如甘肃省2016年环境执法案件数量与第二产业增加值的比值为0.171，2017年上升为0.298，说明环境执法力度逐渐增强。

四、环保督查(察)活动对四个配套办法适用与实施的影响

开展环境保护督察,是党中央、国务院为加强环境保护工作采取的一项重大举措,对加强生态文明建设、解决人民群众反映强烈的环境污染和破坏问题具有重要意义。要坚持问题导向、总结试点经验、做好组织动员、加强力量配备、严格程序规范,认认真真把这项工作抓实抓好,推动生态文明建设不断取得新成效。环保督查活动对环境执法有重大影响,本报告将对2017年内的重大环保督查活动与四个配套办法适用实施情况的联系进行分析研究。

(一)两批次中央环保督察期间被督察地区执法强度增强

2017年,中央环境保护督察组共分两批对15个省市自治区开展督察工作。2017年4月28日,第三批中央环保督察工作全面启动,7个中央环保督察组对天津、山西、辽宁、安徽、福建、湖南、贵州7省(市)开展环保督察。2017年8月7日,第四批中央环保督察工作也全面启动,8个中央环境保护督察组分别负责对吉林、浙江、山东、海南、四川、西藏、青海、新疆(含兵团)等地开展环保督察。

2017年4月底,第三批中央环保督察工作全面启动。从5月份各地区适用四个配套办法案件的数量来分析,被督察的天津、山西、辽宁、安徽、福建、湖南、贵州7省(市)案件数量同比和环比都出现明显增长。7省(市)案件总数2 097件,比2016年5月增长646%,比2017年4月增长

四、环保督查（察）活动对四个配套办法适用与实施的影响

82%。全国32个地区，2017年5月五类案件数同比2016年5月增长230%，环比2017年4月增长41%。由此可见，被督察地区案件数量环比增长率与同比增长率均远高于全国水平，第三批中央环保督察对各地案件查办有较大促进作用。（见图4-1、图4-2）

图4-1 第三批环保督察省份同比案件数量

图4-2 第三批环保督察省份环比案件数量

2017年8月上旬，第四批中央环保督察工作全面启动。从8月份各地区适用四个配套办法案件的数量来分析，吉林、浙江、山东、海南、四川、西藏、青海、新疆（含兵团）8个省份案件数量同比和环比都出现明显增

171

新《环境保护法》四个配套办法实施与适用评估报告（2015—2017年）

长。8省（市）案件总数1 589件，比2016年8月增长343%，比2017年7月增长143%。全国32个地区，2017年8月五类案件数同比2016年8月增长150%，环比2017年7月增22%。由此可见，被督察地区案件数量环比增长率与同比增长率均远高于全国水平，第四批中央环保督察对各地案件查办有较大促进作用。（见图4-3、图4-4）

图4-3 第四批环保督察省份同比案件数量

图4-4 第四批环保督察省份环比案件数量

172

四、环保督查（察）活动对四个配套办法适用与实施的影响

(二) 第一季度空气质量专项督查促进了配套案件数量增长

2017年2月15日—3月15日，环境保护部对京津冀及周边18个城市（北京、天津、石家庄、廊坊、保定、唐山、邯郸、邢台、沧州、衡水、太原、临汾、济南、德州、郑州、鹤壁、焦作、安阳）开展第一季度空气质量专项督查。对相关城市2—3月适用四个配套办法的案件数量进行分析可知，在此期间，18个城市两个月案件总数为158件，比2016年增长508%。（见图4-5）对各个城市2016年和2017年$PM_{2.5}$浓度进行分析发现，绝大多数城市$PM_{2.5}$浓度均有不同程度的下降（见表4-1）。由此可见，空气质量专项督察增强了各地区的环境执法强度，进而在一定程度上为改善各相关地区空气质量作出了贡献。

图4-5 2—3月第一季度空气质量专项督查地区案件数量

表4-1 第一季度空气质量专项督查地区案件数量及空气质量

城市	2016年2月案件数量	2016年3月案件数量	2017年2月案件数量	2017年3月案件数量	2016年$PM_{2.5}$浓度（μg/m³）	2017年$PM_{2.5}$浓度（μg/m³）
北京	0	0	0	1	73	58
天津	0	0	0	0	69	62
石家庄	0	0	0	2	99	86
廊坊	3	0	2	3	66	60
保定	3	0	0	6	93	84
唐山	0	0	7	6	74	66
邯郸	0	2	0	13	82	86
邢台	0	1	3	0	87	80
沧州	0	1	6	6	69	66

续前表

城市	2016年2月案件数量	2016年3月案件数量	2017年2月案件数量	2017年3月案件数量	2016年 $PM_{2.5}$ 浓度（$\mu g/m^3$）	2017年 $PM_{2.5}$ 浓度（$\mu g/m^3$）
衡水	2	0	0	8	87	77
太原	0	0	4	12	66	65
临汾	0	0	5	22	74	79
济南	0	1	9	12	76	65
德州	0	6	3	8	82	68
郑州	0	3	0	0	78	66
鹤壁	0	2	0	14	72	61
焦作	0	2	4	0	84	73
安阳	0	0	0	2	85	79
总数	8	18	43	115		

（三）"2+26"大气强化督查促使各地加大环境执法力度

自2017年第一季度空气质量专项督查行动以来，大气污染恶化势头得到了一定遏制，各城市空气质量同比均有所好转。为推动大气环境质量持续改善，环境保护部从2017年4月5日起，对京津冀及周边传输通道"2+26"城市（北京、天津、石家庄、廊坊、保定、唐山、邯郸、邢台、沧州、衡水、太原、阳泉、长治、晋城、济南、淄博、菏泽、济宁、聊城、滨州、德州、郑州、鹤壁、焦作、安阳、开封、新乡、濮阳）开展为期一年的大气污染防治强化督查。

对比2016年和2017年"2+26"城市适用四个配套办法的案件数量，除邢台市、太原市、晋城市、济宁市、新乡市的案件数量有所减少外，其余23个城市的案件数量均有不同程度的上升。案件数量增加最多的是北京市，增加了722件。增幅最高的是滨州市，案件数量增长了914%，由64件增加到585件（见图4-6）。由此可见，"2+26"城市大气污染防治强化督查加强了各地的环境执法力度。

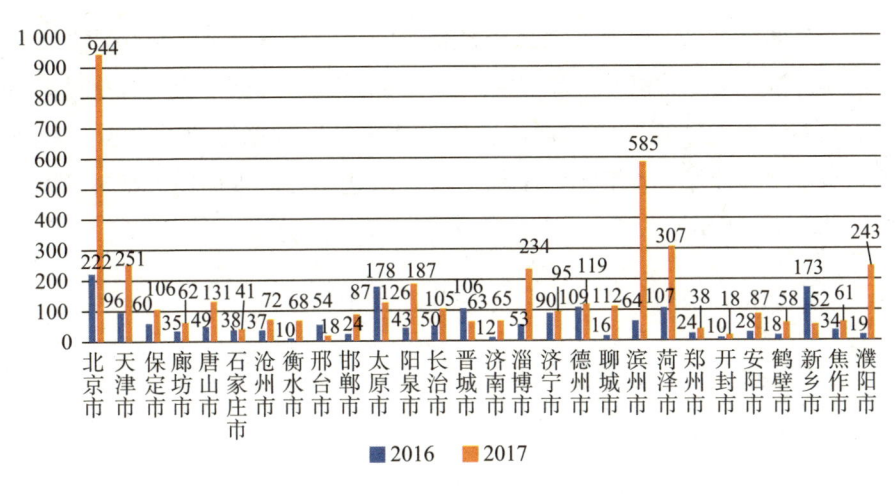

四、环保督查（察）活动对四个配套办法适用与实施的影响

图 4-6 "2+26"城市案件数量变化

对比 2016 年和 2017 年"2+26"城市年度平均 $PM_{2.5}$ 和 PM_{10} 浓度，除邢台市 PM_{10} 浓度上升，晋城市 PM_{10} 浓度上升，邯郸市 $PM_{2.5}$ 和 PM_{10} 浓度有所上升外，其余 25 个城市的年度平均 $PM_{2.5}$ 和 PM_{10} 浓度均有不同程度的下降。与各地适用四个配套办法的案件数量进行对比可见，环境执法力度加强在一定程度上有助于空气质量的改善（见图 4-7）。由此可见，案件数量多的地区，环境执法强度较大，年度平均 $PM_{2.5}$ 和 PM_{10} 浓度有所下降，空气质量得到改善。

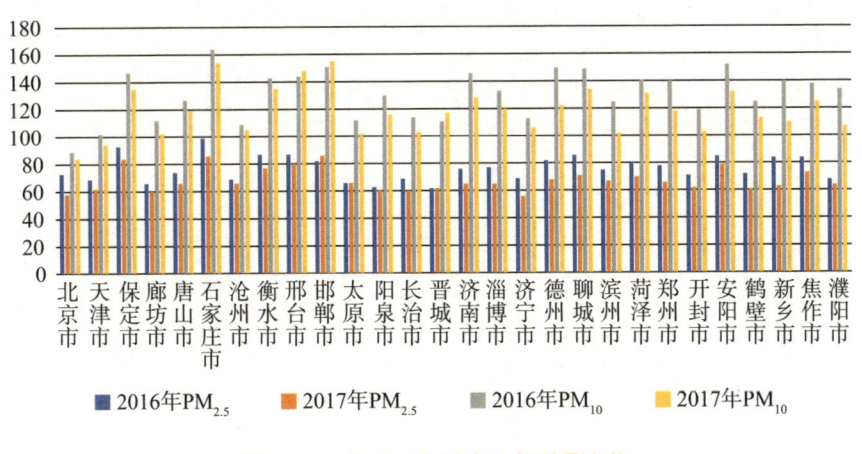

图 4-7 "2+26"城市空气质量变化

175

新《环境保护法》四个配套办法实施与适用评估报告（2015—2017 年）

总结而言，以上所列三项环保督查活动促使被督查地区适用四个配套办法案件数量的大幅增加。结合空气质量数据分析，被督查地区中适用四个配套办法案件数量大幅增加的城市，其环境质量也得到了改善。因此，课题组认为，环保督查活动对于加大环境执法力度，进而助力环境质量改善，具有积极作用。

五、全国 32 个地区贯彻实施
四个配套办法情况比较

如何给各省（区、市）贯彻实施四个配套办法的环境执法状况进行一个合理的评价，并进行比较性排序，至少涉及各地区处理案件数、违法反弹率与信息公开比等要素，如何使之结合起来反映出该地区的环境执法状况。对此，因无法准确知晓案件量、违法反弹率与信息公开比之间存在的量化关系，故难以采用传统的建立合理数学模型的方法进行量化排序。经过几种排序方式的比对，课题组最终决定采用"各要素分别排序赋值，加权求和"的方法，以对全国 32 个地区执行四个配套办法的情况进行横向比较排序，即通过对案件数、违法反弹率和信息公开比这三要素分别排序后根据排序赋值（分），最后再进行加权求总分的方法。2017 年沿用了 2016 年和 2015 年的此种排序方法，以期与 2016 年、2015 年的数据形成对比。

（一）排序方法

1. 加权数占总分值的份额

根据我国环境执法现状，并参考环境执法业绩考核评价体系，本次排序将以案件数为主，辅以违法反弹率和信息公开情况的评价，以促使各地区的环境执法做到"有案必执法、执法必公开、执法不反弹"的实施目标。因此，在加权数上案件数排名分值、违法反弹率排名分值、信息公开率排名分值分别占总分的 50%、30%、20% 份额。另外，需要特别说明，因

新《环境保护法》四个配套办法实施与适用评估报告（2015—2017年）

《移送行政拘留办法》没有信息公开条款，且各地上报信息中也没有信息公开部分，故将信息公开所占20%的份额，平均分配给案件数以及违法反弹率，即在《移送行政拘留办法》执行情况的排序中，案件数排名分值、违法反弹率排名分值占总分份额调整为60%、40%。

2. 三要素分别赋值后加权求和

根据案件数、违法反弹率、信息公开率三个要素对32个地区执行四个配套办法的情况进行评价，即预设逻辑为案件数越多的地区，执法力度更强，执法效果越好；反弹率越低的地区，执法效果越好；信息公开率越高的地区，更有利于环境执法通过接受社会监督而更可持续发展。据此，课题组将四个配套办法实施情况中的案件数、违法反弹率、信息公开率分别进行排序，其中案件数、信息公开率由高到低，依次赋分值32—1；违法反弹率由低到高，依次赋分值32—1。

然后，对四个配套办法的执行情况的分值进行分别计算，对三个分值进行加权求和得到32个地区分别执行四个配套办法情况的分值。

最后将32个地区分别执行这四个配套办法所得分值进行加权求和即得出最后总分。

这种"各要素分别排序赋值，加权求和"的方法只是一种较为粗略的排序方法，难以做到全面分析，如在案件数上，无法考虑到各省份因发展水平、经济结构造成的案件数差异；又如加权系数的分配是否合理；等等。但无可否认，在当前新环境保护法实施刚满三年的探索阶段，它至少应该具有一定的参考价值，可以据此对全国范围内32个地区执行四个配套办法的情况进行一定的"定位置、找差距"的相对性评价。

（二）2017年全国32个地区执行四个配套办法情况横向比较与排序

由表5-1可见，2017年四个配套办法的适用与实施，有13个地区排名上升，4个地区排名不变，15个地区排名下降。2017年执行四个配套办法排名前3的地区分别为江苏、广东、四川；排名最靠后的3个地区分别为

五、全国 32 个地区贯彻实施四个配套办法情况比较

海南、青海、西藏。

表 5-1　　2017 年全国 32 个地区实施四个配套办法的执行情况排序

	2017 年排名	地区	《按日连续处罚办法》执行情况积分	《查封扣押办法》执行情况积分	《限产停产》办法执行情况积分	《移送拘留》办法执行情况积分	2016 年排名	排名变化情况
↑	1	江苏	25	23	28	21	3	2
↑	2	广东	27	29	21	20	5	3
↑	3	四川	24	17	24	21	26	23
↑	4	山东	18	18	22	25	8	4
↑	5	山西	20	18	22	23	22	17
↓	6	河南	20	21	20	21	1	−5
↑	7	辽宁	24	20	15	22	12	5
↑	8	北京	18	24	18	22	21	13
↓	9	湖南	20	20	19	21	6	−3
↓	10	广西	22	18	24	13	8	−2
↓	11	浙江	20	19	19	20	2	−9
↓	12	甘肃	12	23	22	20	11	−1
↑	13	吉林	25	16	19	16	14	1
↑	14	陕西	21	19	20	16	15	1
↓	15	福建	14	22	19	18	6	−9
○	16	云南	18	16	17	19	16	0
○	17	黑龙江	19	21	15	16	17	0
↑	18	新疆	18	18	15	17	19	1
↓	19	湖北	17	21	12	15	18	−1
↓	20	安徽	9	18	22	14	13	−7
↓	21	江西	13	15	17	18	4	−17
↓	22	贵州	15	13	14	19	10	−12

新《环境保护法》四个配套办法实施与适用评估报告（2015—2017年）

续前表

	2017年排名	地区	《按日连续处罚办法》执行情况积分	《查封扣押办法》执行情况积分	《限产停产》办法执行情况积分	《移送拘留》办法执行情况积分	2016年排名	排名变化情况
○	23	上海	27	15	16	3	23	0
↓	24	河北	11	13	14	23	23	−1
↑	25	内蒙古	14	15	17	13	27	2
↑	26	兵团	17	11	14	14	31	5
↑	27	天津	13	14	8	18	28	1
↓	28	重庆	12	12	12	10	19	−9
↓	29	宁夏	11	5	12	16	23	−6
↓	30	海南	10	6	9	18	29	−1
↓	31	青海	7	9	5	15	30	−1
○	32	西藏	1	1	1	1	32	0

2017年实施四个配套办法情况最好的地区是江苏，其积分与排名"上涨"，且总排名第一。江苏省案件总数较多，其按日计罚、查封扣押、限产停产、移送拘留和移送公安的案件总数为3 765件，为全国第二。此外，江苏省案件违法反弹率总体处于较低水平，其全年案件的平均信息公开率为89.1%，为全国第六。

2017年排名上升幅度最大的是四川省（上升23位）。相较于2016年的数据而言，四川省的总案件数、违法反弹率、信息公开率三组数据中，变化最大的是总案件数。2016年，四川省案件总数仅为464件，2017年上升至1 528件，是2016年的3.29倍。此外，四川省全年案件的平均信息公开率也显著提升，由2016年的57.75%上升至2017年的68.36%。因此，四川省2017年执行四个配套办法情况排名与名次上升幅度大。

2017年排名下降幅度较大的是江西省（下降17位）。课题组经研究发现，主要原因在于江西省违法反弹率大幅上升，且信息公开率有所下降。

五、全国 32 个地区贯彻实施四个配套办法情况比较

例如，2016 年江西省按日计罚案件反弹率为 0，而 2017 年却上升至 11.76%，可见，其《按日连续处罚办法》执行情况并不理想。此外，江西省全年案件平均信息公开率由 2016 年的 62.50% 下降至 2017 年的 57.16%。江西省 2017 案件总数上升至 2016 年总数的 1.6 倍，但即便如此，也无法扭转其执行四个配套办法情况总体排名大幅下降的趋势。

六、四个配套办法适用与实施中存在的问题与完善建议

（一）2017年四个配套办法执行中存在的突出问题

1. 违法反弹率有所上升，执法效果有待进一步加强

2017年全国32个地区，依据四个配套办法被处罚（强制）的企业总数为33 436家，较2016年被处罚（强制）的19 050家企业数增加了75.52%，而被重复处罚（强制）的企业总数为1 192家，较2015年547家企业增加了1.18倍。由于违法行为反弹的企业增加了1.18倍，因而全国范围内违法企业反弹率上涨了0.71%，略有回升。

2017年全国适用四个配套办法的违法企业反弹率为3.57%，整体而言反弹率较2016年有所上升。其中，被按日连续处罚的企业的违法反弹率较2016年下降三成多；被限产停产、移送行政拘留、查封扣押的企业的违法反弹率均上升。课题组分析认为，违法反弹率回升的原因是多方面的。第一，执法力度加强，适用四个配套办法的案件大幅增加，使被处罚企业数大量增加，理论上潜在的重复违法企业的主体个数增加；第二，部分违法企业仍存在环保意识低，守法意识薄弱，"顶风作案"的情况；第三，四个配套办法经过3年的实施，虽多数排污企业严格环境执法成为常态，但仍有部分企业存在侥幸心理，认为被处罚一次以后就万事大吉，因而不及时吸取教训，不能严格守法，造成后续新的违法；第四，个别地方存在环境执法不到位，过罚不相

六、四个配套办法适用与实施中存在的问题与完善建议

当,处罚和威慑力度无法达到震慑环境违法行为的效果。

对于环境执法而言,由于四个配套办法所针对的违法行为有重合与交叉,执法措施的选择权在执法工作人员的手中,执法人员有较大的自由裁量空间。因而,对于环境违法行为,还应当结合违法行为的社会危害性、违法者的主观状态等,选择最为有效的执法措施,或者直接打出组合拳,震慑环境违法者,使其不敢继续违法,不敢再次违法,同时也威慑存在类似违法可能性的潜在违法行为人。故虽然环境执法案件总量大幅上涨,但执法质量仍不可忽视,应使环境行政执法的数量与质量并重成为常态性的执法目标。

2. 信息公开力度应进一步加大,信息公开途径应更加规范

2017年全国的环境执法信息公开率为67.4%,较2016年的73.4%下降6个点,但是仍有三成以上的环境执法案件没有被依法公开。环境执法信息公开力度有待进一步加大,环境执法机关应该进一步提升环境信息公开意识,应将执法信息公开视作动员社会各界监督违法企业和执法人员的必备手段,应认识到建立多元环境治理是国家治理现代化的应有之义,进而能够做到有案必公开。

2017年各地区较为常用的执法信息公开方式是通过各地环境保护主管部门的网站或当地人民政府信息公开网进行公开,其中通过环保部门网站公开信息的案件数量占大多数,占通过各种途径公开案件总数的44.9%。在2017年可统计归类的案件中,通过电视、报纸等传统媒体进行信息公开的案件数下降到0.14%,其中通过电视进行信息公开的案件数仅占公开案件总数的0.05%;纸媒的公开率仅为0.09%。这表明,环境执法机关已经较少采用传统媒体进行环境执法的信息公开。

但值得关注和讨论的是,总数中另有7.03%的案件通过公告栏、微博、微信、曝光台等方式进行信息公开,较2016年增长约6倍。课题组经分析认为,环境执法机关通过微博、微信等人民群众经常使用的新媒体进行信息公开,能较好回应社会需求。但同时仍然存在部分地区仅在公告栏进行执法信息公开的现象,此种公开方式受其公开范围、公开时间等客观因素

的影响，只有特定公众能在特定时间和地点获取公开信息，且长期保存不易，从而使接受社会监督、"利剑永远高悬"的可能性大大降低，有其明显的局限性。因此，我们建议，至少应当同时配合其他公开途径公开环境执法信息。课题组建议进一步规范环境执法信息的公开方式，尽量选择受众范围大的信息公开途径，提高信息公开的用户友好性。

（二）四个配套办法条文的准确解读与理解之完善

1. 查封扣押延期情况增多一定程度致使查封扣押措施威慑力度下降

四个配套办法中，仅查封扣押措施适用后的案件的违法反弹率逐年上升，从2015年的1.23%增加到2016年的1.64%，到2017年则已达2.01%，三年增长率为163.41%。经过数据统计分析，课题组发现，查封扣押案件中，存在查封扣押延期现象。如果延期查封的缘由是企业原环境违法行为没有及时改正，则说明查封扣押措施并未起到威慑作用。在本报告研究统计违法反弹率时，课题组将延期查封情况也视为执法效果未发挥的一种表现，将之计为违法反弹案件。由于延期查封情况增多，一定程度上致使违法反弹率上涨。以安徽省为例，安徽省2017年查封扣押案件总数为1 848件，其中40个案件是由于查封扣押延期产生的，占2.2%。2017年安徽省"多次被处以查封扣押的企业数"为56个，而其中因查封扣押延期而被第二次处罚的企业就有34个，占比60.7%，这导致该地区违法反弹率大大增加。

《查封扣押办法》第15条规定："查封、扣押的期限不得超过三十日；情况复杂的，经本级环境保护主管部门负责人批准可以延长，但延长期限不得超过三十日。法律、法规另有规定的除外。"综合以上情况，课题组认为，应当考虑《查封扣押办法》所规定的查封扣押期限的合理性，考虑其是否足以威慑违法行为，是否足以督促违法行为及时改正。如果查封扣押延期不是因为案件复杂，即案情复杂导致无法及时查明并据以作出后续的

六、四个配套办法适用与实施中存在的问题与完善建议

行政处罚或移送追究环境刑事责任,而纯粹因被查封扣押的行政相对人未纠正违法行为的,则应果断作出诸如停产、限产或行政处罚措施决定,而不应通过延长查封扣押期限而纵容违法行为的继续或导致纠正违法行为的不及时、不彻底,进而造成对潜在的环境违法行为人的"逆向制度激励"。

2. 配套办法的适用条件的理解应当更加准确

2017年的执法案件信息中,出现以"雾霾天气,应急响应,企业限产"为由对企业进行限产停产处罚的情况,如陕西省。在课题组所收集的案件信息中,个别案件的处罚单位并没有写明被处罚单位的实际违法行为,而仅以类似上述笼统的理由对被处罚单位作出处罚。此外,由于其他不明确原因,个别案件只填写了处罚单位和被处罚单位的情况,而没有填报其他进一步的详细案件信息,这也从侧面表明执法人员在执法活动中对相关配套办法的适用条件的理解模糊。

课题组在数据统计过程中还遇到某些个案,出现"无法确定具体款项但确定适用某条"的归类情况,即执法人员笼统适用某一条,却无法根据该条所明文列举的法定适用情形种类予以对号入座。例如,在查封扣押案件中(详见图6-1),适用《查封扣押办法》时"无法确定具体款项但确定适用某条"违法行为在实践中已经被"诠释"为包括:未进行环评审批、未批先建、无排污许可证排污、违反三同时、无污染防治设施、禁燃区使用高污染燃料的燃煤锅炉等行为。与此类似,《限产停产办法》则多以未环评、未批先建、超标排污、无防污措施、无证排污等行为为主。

课题组经分析认为,出现这种结果的原因为:第一,实践中出现的实际情况不能与配套办法中规定的具体适用情形相匹配,即违法实际情况超出了立法当时的预见;第二,执法人员对案件适用情形的理解不到位。针对第一种情况,环保部门应当总结实践经验,适时补充修改配套办法的适用情形。针对第二种情况,则应当提高执法人员执法工作的规范性,例如加强法治培训、建立环保部门的环境法专业法律顾问机制、建立疑难案件会商机制等。

新《环境保护法》四个配套办法实施与适用评估报告（2015—2017年）

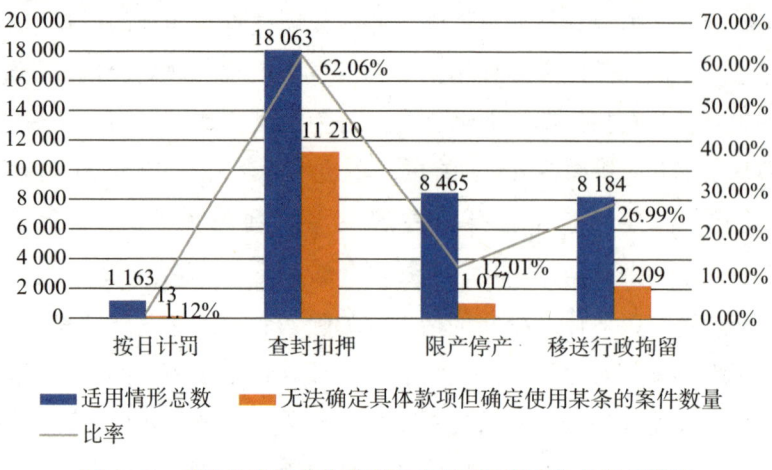

图6-1 "无法确定具体款项但确定适用某条"的数据情况

3.《移送拘留办法》的适用情形有待完善

《治安管理处罚法》第30规定："违反国家规定，制造、买卖、储存、运输、邮寄、携带、使用、提供、处置爆炸性、毒害性、放射性、腐蚀性物质或者传染病病原体等危险物质的，处十日以上十五日以下拘留；情节较轻的，处五日以上十日以下拘留。"这一条在配套办法适用中一定程度上起到了漏洞修补的作用。例如，2017年，浙江省移送拘留案件中有50件案件依据《治安管理处罚法》相关条款处罚，其中处罚单位因被处罚人向环境排放危险物质而依据第30条处罚的案件共45件。经分析比较可知，《移送拘留办法》第3~7条，共5条规定的适用情形是依照《环境保护法》相关规定进行细化的。在法律位阶上，《治安管理处罚法》与《环境保护法》属于同一层级。《治安管理处罚法》中也有关于违反处置危险物质而造成环境污染或者破坏的行为应当受到处罚的相关规定。因此，当《移送拘留办法》中没有相关规范，而导致实践中存在须转而适用《治安管理处罚法》进行处罚的情况，则有赖实践部门的智慧解决。但这足以引起有关规则制定者的重视，是否《移送拘留办法》本身存在适用范围严密性的技术"漏洞"问题。如果确实存在，则应由相关联合发布部门尽快启动修改，以完善《移送拘留办法》的相关适用情形。

结　语

新《环境保护法》以及四个配套办法的实施已进入第四年。回首 2017 年四个配套办法的适用与实施概况，对比 2015 年、2016 年的，有助于我们全面了解全国 32 个地区环境执法现状，总结四个配套办法的适用与实施中的经验与教训，更好地执行新《环境保护法》。三年来，四个配套办法在全国范围内得到普遍实施，逐步实现了在全国各省级、地市级、县级环保部门的普遍适用，且案件数量增长幅度巨大。环境执法案件信息公开也得到进一步贯彻，虽然进步缓慢，但不乏表现耀眼的环境执法信息公开的明星地区，可见，如能借鉴兄弟地区的有益执法经验，未来在全国范围内提高严格贯彻环境执法信息依法公开的比率，完全具有可能性。

2017 年四个配套办法的执行，环保部门打出的"组合拳"，套路更多，技艺更娴熟，适用情形把握更科学，打击环境违法行为更有效。高效运用新环保法的"四颗钢牙"，重点打击水污染、大气污染等领域的环境违法行为，重点整治电镀、钢铁等高污染行业，整肃违法排污企业，通过常规化的执法威慑，促使企业提高环保意识，遵守环保法。对此应可寄予厚望。

同时，在环保督查的压力传导之下，相关城市的环境执法案件数量大幅增加，执法力度也提高到空前程度，环境质量也得到了较大程度的改善。2016 年和 2017 年的评估显示，"京津冀""长三角""珠三角"区域城市大气环境质量改善与否同四个配套办法的执法强弱具有明显的关联关系，可见，环境执法力度的加强和执法质量的提高有助于改善区域大气环境质量。这些都可以证明，四个配套办法立法时所设计的作用已经逐步显现并发挥。

新《环境保护法》四个配套办法实施与适用评估报告（2015—2017年）

经过三年的评估可见，四个配套办法的实施已具有固定的特征，个别存在的问题也更加凸显。三年来，四个配套办法案件数量分布比例一致，地域性特征明显，各配套办法适用情形的案件分布比例相似，重点打击的污染行为、整治的污染行业相似，"组合拳"适用更加广泛，执法情况与环境质量改善情况以及第二产业增加值具有的相关性特征基本一致。同时，环境执法信息仍未做到全部公开、适用情形仍不能满足实践需求、违法反弹率有回升的苗头等问题也充分暴露，值得重视和警惕。

四个配套办法的实施仍存在执法质量继续提高的空间，各地环保部门向环保部监察局上报的执法数据的规范性、及时性、完整性、科技含量等有进一步提高的空间，而执法统计也是规范、统一、监督执法的必要手段之一。此外，四个配套办法的个别条款有待进一步明晰或修改，以更好地贯彻上位法并避免法律冲突。2017年《环境保护主管部门实施按日连续处罚办法》进行首次修改，环境保护部公开了征求意见稿，已经启动对实践中存在问题的必要回应。这一边探索、边实践、边完善的与时俱进的举措值得为之鼓掌，并提倡推而广之到其他配套办法的完善，以全面提高新环境保护法行政执法配套措施落实的科学性、彻底性、动态性。

我们必须客观地承认，三年来，新《环境保护法》的四个配套办法在全国范围内得到了较好的贯彻实施，并受到了社会各界的普遍关注与认可。四个配套办法的适用，发挥了打击环境违法行为、惩治环境违法行为的作用，提高了污染企业的违法成本，并对环境违法企业形成了强大的威慑力。

图书在版编目（CIP）数据

新《环境保护法》四个配套办法实施与适用评估报告.2015—2017年/竺效主编.—北京：中国人民大学出版社，2018.5
ISBN 978-7-300-25696-2

Ⅰ.①新… Ⅱ.①竺… Ⅲ.①环境保护法-研究-中国 Ⅳ.①D922.680.4

中国版本图书馆CIP数据核字（2018）第069321号

新《环境保护法》四个配套办法实施与适用评估报告（2015—2017年）
主编 竺 效
Xin《Huanjing Baohufa》Sige Peitao Banfa Shishi yu Shiyong Pinggu Baogao（2015—2017 Nian）

出版发行	中国人民大学出版社		
社 址	北京中关村大街31号	邮政编码	100080
电 话	010-62511242（总编室）		010-62511770（质管部）
	010-82501766（邮购部）		010-62514148（门市部）
	010-62515195（发行公司）		010-62515275（盗版举报）
网 址	http://www.crup.com.cn		
	http://www.ttrnet.com（人大教研网）		
经 销	新华书店		
印 刷	北京联兴盛业印刷股份有限公司		
规 格	170 mm×228 mm 16开本	版 次	2018年5月第1版
印 张	12.5 插页2	印 次	2018年5月第1次印刷
字 数	167 000	定 价	60.00元

版权所有 侵权必究 印装差错 负责调换